교회에 다니면서 교회가 무엇인지, 어떻게 하는 것이 바른 신앙생활인지 고민하지 않은 사람은 없을 것입니다. 그러나 교회에서 그런 고민을 터놓고 말하긴 쉽지 않습니다. 저는 기도할 때도 제가 이런 고민을 하지 않기를 늘 간구해왔습니다. 그러다 어느 날 숨통을 틔워주고 어깨를 토닥여주는 책을 만나게 되었는데, 바로 필립 얀시의 '교회, 나의 고민 나의 사랑'이었습니다. 좋은 책이었지만 서양인의 정서와 글 쓰는 방식이 우리와는 다소 달랐기에 이러한 유의 책이 한국교회의 맥락과 정서에 맞춰 쓰이면 좋겠다는 바람을 늘 갖고 있었습니다.

부산 CBS에서 오래도록 기독교 서적을 소개하고 있는 홍동우 목사님의 이 책은 그런 면에서 한국인에게 착착 달라붙습니다. 자신의 경험과 고민을 우리 교회에서 흔히 볼 수 있는 가상인물과 그들이 겪는 사건에 투사하여 소설처럼 표현하고, 각 챕터마다 욥기와 갈라디아서와 마태복음의 시간으로 독자를 불러들여 쉽지 않은 신학적 주제들을 독특한 방식으로 풀어냅니다. 이를 통해 한 사람을 향한 하나님의 자비하심과, 부족한 우리의 눈에도 엉성하게 보이는 교회의 아름다움과 탁월함이 무엇인지를 흥미롭게 드러내는데, 그 구성과 서술이 기존의 신앙서적에서 보지 못했던 독특한 방식이라 무척 재밌게 읽힙니다. 분명 이 책을 덮을 때쯤 독자들의 마음에는 하나님에 대한 신뢰와 교회에 대한 사랑이 그득히 차오르게 될 것입니다. 교회라는 공동체의 불완전성과 개인적 신앙 성장으로 고민하는 많은 분들에게, 그리고 그런 분들에게 신앙적 권면을 해야 하는 많은 목회자들과 교회의 리더들에게 이 책을 진심으로 추천합니다.

강신욱_ 낮은울타리교회 담임목사, 『대화로 푸는 성경』 저자

SNS에서 함께 논쟁하고 대화를 나누며 맺어진 저자와의 인연이 어느새 10년도 더 지난 듯합니다. 동년배가 아님에도 불구하고, 나이를 초월해 서로에게 공감하며 호감을 갖게 되었고, 덕분에 오랜 교제를 계속 이어올 수 있었습니다.

저자가 신학교에 들어가 한참 신학공부에 몰두하던 시절, 지역교회에서 교역자의 신분으로 서게 되어 몇 차례 사역지를 옮겨가며 겪었던 여러 고민과 갈등, 그리고 '신앙이 무엇인지, 목회가 무엇인지, 앞으로 어떤 목회를 하고 싶은지'에 대해서도 해마다 보고 들을 수 있었기에 그 생각과 신학이 어떻게 변해왔는지를 누구보다도 잘 압니다.

교회의 구성원인 한 사람보다, 정작 신학과 사역 자체에 관심을 더 갖던 시절의

저자를 기억합니다. 그때는 날이 참 많이 서 있었고 차갑게 느껴졌었습니다. 이후로 수년이 지나는 동안, 하나님께서 잘 다뤄주셔서 다시금 사역 자체보다 한 사람에게 더 마음을 두는 저자의 모습으로 변화, 성장할 수 있었다는 게 얼마나 반갑고 감사한 일인지 모릅니다. 그리고 그 과정들이 있었기에 이런 책도 나올 수 있었다고 생각합니다.

언젠가 '좋은 책'을 쓰게 될 사람이란 걸 오래전부터 예상하며 기대했었는데, 첫 저작인 이 책을 읽으며 '역시 나의 촉은 틀리지 않았구나' 싶어 흐뭇했습니다. 특별히 교회 내 다양한 분쟁을 겪으며, 혹은 분쟁을 일으키는 주체로서 고민이 많아진 신앙인들의 마음을 시원케해주고 균형을 잡아가는데 도움이 될 책이라고 생각합니다. (이렇게 이야기할 수 있는 건 저 조차 그런 삶을 살아왔기에 드리는 말씀입니다)

김영범_ <말씀하시면> 작곡자, 유튜브 <CCM공방> 제작진행자

이 땅의 교회가 완전치 않음은 너무나 당연합니다. '초대교회로 돌아가자'라는 구호 때문에 성경에 기록된 교회들은 완전했을 거라 오해하지만, 조금만 들여다보면 그렇지 않음을 알 수 있습니다. 서신서는 오해, 갈등, 다툼, 분열로 얼룩진 교회가 어떻게 바로 서야 할지를 가르치는 말씀으로 가득합니다.

여러분이 속한 교회도 마찬가지일 것입니다. 의인이지만 여전히 죄인 된 이들의 모임에는 갈등이 있기 마련입니다. 이 책은 여러분들이 경험하는 흔한 갈등을 소개하면서 동질의식을 느끼게 해줍니다. 그러면서 원인과 해결책을 찾으려고 성경과 씨름해야 할 당위를 깨닫게 해줍니다. 무엇보다 저자는 교회가 부흥과 성장을 목표로 하는 조직이 아닌, 서로 용서하고 사랑하는 공동체임을 가르쳐 줍니다. 용서, 사랑, 환대, 관용으로 가득한 교회가 되어야 함을 깨닫게 해줍니다.

저자가 제시하는 성경해석에 있어서는 이견이 있을 수 있겠으나, 성경에서 답을 찾으려는 태도와 열심만큼은 이견이 없을 것입니다.

갈등과 다툼을 경험하시는 여러분들이 이 책을 통해 성경이 얼마나 우리의 삶에 실제적이어야 하며, 실제적일 수 있는지를 저자의 의식의 흐름을 따라 걷는다면 독서의 기쁨이 가득할 것입니다.

손재익_ 한길교회 담임목사, 『분쟁하는 성도 화평케 하는 복음』 저자

언론에서 피해자 대신 가해자에게 관심이 쏠릴 때 으레 '○○○에게 서사를 부여하지 말라'라는 식의 말이 터져 나옵니다. 이런 말을 접할 때마다 서사의 위력과 역할, 책임에 대해 다시 한번 고민하게 됩니다. 그렇습니다. 서사에는 누군가를 이해하고 용납하게 해주는 힘이 있습니다.

그런데 참 신기한 일입니다. 종종 이런 서사에 대한 관심이 가장 적은 곳이 교회라는 사실 말입니다. 우리는 갈등을 빚고 있는 상대의 서사를 듣는 일에 참 인색합니다. 피곤하고 귀찮아서일까요? 제 생각에 보다 근원적인 이유는 상대의 서사를 듣다가 내 서사가 흔들리지는 않을까, 내 서사를 재구성해야만 하는 일이 생기지 않을까 하는 두려움 때문인 것 같습니다.

이 책에는 추상적인 케이스가 아니라 갈등 중에 있는, 얼굴이 있는 진짜 사람들이 등장합니다. 이 책에는 저자가 깊이 고민하며 읽고 한국이라는 구체적인 상황 속에서 풀어내는 성경 이야기와 신학, 그리고 여러 비유들이 등장합니다. 하지만 제가 이 책에서 제일 좋았던 부분은 자신 있게 쌓아 올라가던 저자의 서사가 흔들리던 장면, 그간의 서사를 어쩔 수 없이 허물고 재구축해야 했던 저자의 곤혹스러운 시간들이 등장할 때였습니다.

그렇기에 저는 이 책의 백미로 저자가 본인과 갈등 중이었던 '부장 집사'를 찾아가던 순간을 꼽습니다. 제게도 그런 용기가 있다면 좋겠습니다. 자신은 갈등의 원인과 해결 방법을 이미 다 안다고 '확신'하는 분들에게 이 책을 추천합니다.

신동주_ CBS TV 프로듀서, <낸시랭의 신학펀치> 제작

교회 내의 크고 작은 다툼 속에서도
많은 것을 배울 수 있었습니다.

교회를 바꿔야만 한다고 외쳤던 제가
교회를 사랑하게 되었습니다.

양정교회의 서수관 목사님,
가나안교회의 정재환 목사님,
그리고 두 교회의 교우들께서
산파의 역할을 감당해주신 덕분입니다.

교회답지 않아
다투는 우리

홍동우

교회답지 않아 다투는 우리

다툼 속에서
교회다움 을 발견하다

지우

출판사 서문

이 책은 '시간과 사람'에 관한 책입니다. 수많은 갈등과 분쟁, 오랜 방황과 부침, 여러 굴곡의 시간들을 통해 지금의 저자가 빚어졌습니다. 또한 여러 곳에서 많은 이들과 다투며(논쟁하며) 날 선 공방을 주고받던 시간과 그로 인해 서로에게 새긴 상처들이 아물던 시간을 통해 이 책의 얼개가 빚어졌습니다. 우리는 종종 성급히 시공간을 뛰어넘는 기적을 바라지만, 하나님께선 시간과 삶(사람)을 통한 성숙, 즉 성화라는 기적을 우리에게 선물로 주셨습니다. 이 책은 그 선물을 누리는 사람들을 통한 하나님나라의 현현, 즉 교회에 관한 이야기입니다.

이 책에서 말하는 '교회'는 그래서 바로 '사람'입니다. "너희는 그리스도의 몸이요 지체의 각 부분이라"(고전 12:27) 교회는 그리스도와 그리스도를 머리로 하는 우리들(몸)입니다. 때문에 교회 안에 있는 그 누구도 교회가 아니라고 함부로 부정당해선 안 됩니다. 혹여 그가 갈등과 다툼의 원인이 되더라도 말입니다. "눈이 손더러 … 머리가 발더러 내가 너를 쓸 데가 없다 하지 못하리라 … 더 약하게 보이는 몸의 지체가 도리어 요긴하고"(고전 12:21-22)

(이 책에 등장하는) 김호준 형제만 사라지면 그 청년부는 다시 화목한 분위기를 찾게 될까요? 눈엣가시 같은 박세직 집사님만 떠나면 담임목사님의 마음이 다시 평안해질까요? 애타게 기다리던 고집불통 현지우 권사님의 은퇴에 그의 정적들은 과연 쾌재를 부를 수 있을까요? 아마 아닐 겁니다. 그들이 사라진 자리는 의외로 무척 공허하고 불안해질 겁니다. 그 빈자리는 얼마 안 가 또 다른 갈등과 다툼으로 채워질 겁니다. 곧이어 살점을 도려내고 뼈를 들어낸 아픔이 우리를 파고들 겁니다. 교회는 한 몸이기 때문입니다. 고로 다소 도발적인 저자의 다음 발언에 깊이 동의합니다. '교회는 예수님의 말씀을 듣고 행하는 사람 위에 세워'지며 또한 '환난과 핍박 앞에서는 도망치는 사람 위에 세워집니다.'(본서 189)

이 책은 '이해와 공감'이라는 책의 주제에 걸맞은 과정들을 통해 세상에 나올 수 있었습니다. 저자는 본인이 오래도록 고민하며 준비해왔을 생각들을 잠시 내려놓고 출판사의 제안과 그 의도에 공감해주셨습니다. 그 제안이 자신이 생각하고 다듬어온 글감이 아닌 것과, 심지어 먼저 출간된 책과 동일한 주제를 연이어 다루어야 하는 상황임에도 이를 기꺼이 이해해주셨습니다. 덕분에 고신과 장신의 두 목회자가 동일한 주제를 각자의 관점과 해석으로 풀어낸, 하나이며 동시에 둘인 (둘이자 곧 하나인) 책[1]이 나올 수 있게 되었습니다. 이 자리를 빌려 저자에게 감사와 존경의 마음을 전합니다.

우리는 의인인 동시에 죄인이며(Simul Justus Et Peccator) 무한과 영원을 소망하는 유한한 존재입니다. 사랑과 화목만이 가득해야 할 교회를 늘 반목과 분쟁으로 채웁니다. 우리는 참으로 모순된 존재입니다. 답 없는 신학에 계속 천착하며, 답이 없어 보이는 교회에서 여전히 희망을 찾고 있는 저자 역시 마찬가지입니다. 때문에 저자의 이야기가 더욱 와닿았습니다. 격려와 위로가 되었습니다. 우리가 걷는 길이 결코 답답하고 막막하게만 보이지 않게 되었습니다. 해결되지 않은 질문을 품고도 하나님을 신뢰하며 하나님의 창조 질서에 다시금 순응하기로 결심한 욥과 같이 말이죠. 따라서 마지막으로 저자와 힘껏 싸우며 저자의 삶에서 그와 함께 부대껴준 모든 친구와 정적분들께 감사드립니다. 덕분에 저자는 하나님을 만나고 그 앞에서 기꺼이 이 모든 모순을 끌어안게 되었습니다. 여러분들이 이 책을 함께 써주셨습니다. 끝으로 이 모든 것 위에 계시며 이 모든 상황 가운데 함께 하시는 하나님을 찬양합니다.

지우

---

1   7년 전에 만난 손재익 목사님의 글을 읽으며 교회 내 분쟁에 대한 서로 다른 관점과 해석의 두 책을 기획하게 되었습니다. 손재익, 『분쟁하는 성도, 화평케 하는 복음』, 지우(2023).

"새로운 지역으로 이사를 갈 때면
나는 늘 가까운 교회를 찾아가서
그곳에 있는 하나님의 백성에 합류하여
더불어 일하고 예배했다.
이내 실망을 느끼지 않은 적은 단 한 번도 없었다.
그들은 철두철미하게 성경이 말하는 그대로였다.
소곤대는 자, 불평하는 자, 신의 없는 자,
변덕스러운 자, 의심 많은 자, 죄에 찌든 자,
따분한 도덕주의자, 홀리는 세속주의자 등 …"*

---

*   유진 피터슨, 『다윗, 현실에 뿌리박은 영성』, IVP(2011), 174.

프롤로그

"교회가 참 좋았습니다. 한때는 말입니다."

목사로 살다보니 왕왕 듣는 말입니다. 한때 교회는 좋은 곳이었습니다. 주일이 기다려졌습니다. 예배마다 은혜로 충만해졌습니다. 주일에만 가는 것을 넘어 수요일과 금요일, 토요일에도 갔습니다. 교회와 교회의 선배들도 좋고 교회의 전도사님과 목사님도 좋았습니다. 응당 하나님도 좋았습니다. 물론 '한때'의 이야기입니다. 그러다 우리 삶에 어떤 사건이 들이닥칩니다. 그로 인해 좋았던 선배들에게 실망하고, 좋았던 전도사님과 목사님께도 실망하고 이내 교회에 실망합니다. 끝내 기독교와 성경에도, 하나님께도 실망이 이어지는 경우가 적지 않습니다. 각자 다양한 사연이 있을 수 있겠습니다만 교회 내에서 일어난 '다툼'이 스모킹건이 되는 경우가 결코 적진 않은 것 같습니다. 교회 안에 다툼이 일어나면 사람들은 진심으로 다툽니다. (각자 나름대로 교회를 진심으로 사랑하고, 각자 나름대로 교회를 진심으로 지키고 싶어하니까요) 담임목사의 청빙을 놓고 다투며, 담임목사의 거취를 놓고 다투며, 교회건물의 건축 혹은 리모델링 문제를 놓고 다툽니다. 진탕 홍역을 겪고 나면 교회가 결코 예전 같지 않습니다. 교회를 좋아할 수가 없습니다. 분명 신앙의 진심은 변하지 않았는데 말입니다.

저 또한 이와 크게 다르지 않은 사건들을 마주했습니다. 한때 진심으로 사랑하고 좋아했던 교회는 어느새 애증의 대상이 되었습니다. 더 이상 교회는 예전 같지 않았습니다. 예전 같지 않으면 교회를 탈출해야 마땅합니다만 저는 그러질 못했습니다. 어느새 정신을 차리고 보니 목회자란 직분에 묶여있었습니다. 하나님의 말씀은 저를 목회자라는 이름의 차꼬로 채우시고 쇠사슬로 매셨습니다(시 105:18). 그리고는 교회를 보게 하셨습니다. 당시 제가 목격한 교회의 모습은 적나라한 다툼의 현장이었습니다. 교육부서 안에는 부장집사와 교사로 섬기는 다른 집사들 사이의 갈등이 있었습니다. 또한 교육부서와 다른 교육부서 사이의 (장소 및 예산을 두고) 이권다툼도 있었습니다. 당회 안에서도 각각 파당이 형성되어 서로 다투고 있었습니다. 당회 바깥에는 당회를 견제해야 한다고 주장하는 사람들이 있었습니다. 제가 차꼬와 쇠사슬에 매여 본 광경은 교회의 민낯이었습니다. 무엇보다 목회자는 다툼이 일어나는 모든 광경의 세세한 각각의 사정을 들어야만 했습니다. 정말 교회는 끔찍했습니다. 크고 작은 다툼이 끊이지 않는 곳이었으니까요.

하지만 차근차근 듣다보니 달라졌습니다. 부장집사님은 부장집사님 나름의 고민이 있었습니다. 그와 함께 갈등을 일으키는 선생님 또한 나름의 고민이 있었습니다. 부서와 부서끼리 다툴 때도 각자 나름의 고민이 있었고, 나름의 사정이 있었습니다. 이후로 저는 한 명의 역사가가 되기로 마음먹었습니다. 다양한 다툼 속에서 옳고 그름의 판결을 내리는 재판관의 역할을 내려놓았습니다. 단지 역사가가 되어 각자 나름의 입장을 충실히 조사해나갔습니다. 진지한 역사가의 자세는 다채로운 교인들의 삶의 자리를 듣는데도 유용했습니다. 제가 끔찍이 싫어했던 기도원 신앙을 가지고 계신 교우가 가진 사연, 거칠고 드세기로 유명한 권사님께서 가지고 있는 사연, 지나치게 잘난 척만 하던 집사님께서 가지고 계신 사연 등 듣고 보니 모두 일리가 있었습니다. 물론 그 사연들이 무조건 옳다는 것은 아닙니다. 각각의 사연마다 다소 부족한 점들이 있습니다. 하지만 각자가 살아온 세월의 무게와

굴곡진 사연은 인상적이었습니다. 저는 한동안 '교회'라는 조직 혹은 기관을 미워했습니다. 하지만 '교회'라는 몸을 일구고 있던 지체들의 이야기를 들으며 마음이 달라졌습니다. 교회를 다시 이해하고 사랑할 힘을 얻게 되었습니다. 하나님의 말씀이 저를 단련시킨 결과였습니다(시 105:19).

본서는 교회 안의 갈등에 대한 책이지만 그 갈등을 해결하는 묘책을 다루지는 않습니다. 오히려 그 갈등 속에서 교회가 무엇인지 숙고했던 지난날의 고민을 고스란히 담고 있습니다. 본서의 지향점은 '이해'입니다. 단순한 정보 혹은 지식을 얻기 위한 책이 아닙니다. '교회' 혹은 교회 내에 존재하고 있는 (내가 이해하지 못했던) '다른 지체'를 이해하는 것을 돕는 책입니다. 따라서 두 가지의 전략을 취했습니다. **첫째, 가상인물을 등장시켰습니다.** (참고로 가상인물은 제가 직접 교회 내에서 겪었던 갈등에 연루되어 있던 사람을 염두에 두고 만들었습니다) 최대한 가상인물의 사연과 고민에 몰입할 수 있도록 여러 각도로 묘사했습니다. (만약 주변에 싱크로율이 높은 지체가 있다면 그를 생각하면서 읽을 것을 권합니다) **둘째, 가상인물의 고민을 성경본문에 비추어 읽으려 했습니다.** 이를 통해 가상인물의 고민이 갖고 있는 의의를 적절히 짚어내면서도 고민이 지니고 있는 한계를 드러내고자 노력했습니다. 이는 가상인물을 비판하기 위함만은 아닙니다. 가상인물이 갖고 있는 고민의 진의를 좀 더 명확하게 파악하기 위함입니다. 다양한 교회 갈등 내에서 가상인물이 던졌던 질문은 모두 하나의 질문으로 꿰어집니다. '교회는 무엇일까요? 무엇이어야 할까요?' 참고로 각 챕터는 마칠 때마다 더하는 말을 달고 있습니다. 더하는 말을 통해 각 챕터 별로 가상인물의 사례를 통해 전달하고자 했던 '교회'에 대한 메시지를 정돈해두었습니다.

교회 내의 갈등으로 고민하는 이들이 많습니다. 그만큼 한때 우리 모두에게 교회가 참 좋았기 때문일 것입니다. 어쩌면 대다수의 독자들이 교회다운 교회를 꿈꾸며 각자의 자리에서 신음하며 씨름하고 있는지도 모르겠습니다. 부디 이 작은 책이 '교회'가 무엇인지 진지하게 고민해가는 많은 분들의 여정에 좋은 말벗이 되어줄 수 있다면 좋겠습니다.

교회를 미워하면서도, 여전히 교회를 사랑하는
홍동우 목사

chapter 1

가르침이
교회답지 않아!

김호준(30)

#신앙_모범생,
#4년전까지_매년_임원,
#한때는_제자훈련_모범생,
#하지만_3년째_방황중,
#교회와_신앙을_버리진_않았지만_여전히_방황중,
#시간이_지날수록_청년부_지체들에게_미운털_박히는중

"아니, 호준이 오빠 요즘 왜 그래요?

우리 청년부 남자 중에 가장 멋있던 사람이었잖아요?

왜 매번 소그룹만 들어오면 목사님 설교 비판,

제자훈련 비판 …

아니 정말 왜 그래요?

호준이 오빠, 무슨 일 있어요?

원래 안 그랬잖아요!"

아니오, 제 생각은 좀 다릅니다.

김호준 형제의 3년 전의 모습이 그립다고 하셨죠? 그 시절 김호준 형제는 청년부에서 하는 성경공부와 제자훈련에 열정적으로 참여했고, 아멘으로 반응하며, 청년부 목사님의 설교에 집중했으며, 설교나눔과 적용에도 열심이었다고. 하지만 지금은 완전히 망가졌다고.

제가 보기에 김호준 형제는 여전히 무척 신실한 형제입니다. 남들보다 신앙을 더욱 진지하게 생각하고, 성경의 의미를 깊이 숙고하는 형제예요. 3년 전이나 지금이나 여전히 그는 기독교 신앙에 진지합니다. 신앙이 우리 삶의 이정표로 어떻게 기능할 수 있는지 끈질기게 따져가는 집념이 있어요. 이는 보통 청년들에게서는 쉽게 찾아볼 수 없는 태도지요.

다만 3년 전에는 청년부의 성경공부, 제자훈련, 설교, 셀그룹 모임 등이 김호준 형제에게 좋은 길잡이 역할을 했을 것이지만, 지금 현재는 그 역할을 제대로 하지 못하고 있을 따름입니다. 그는 기독교와 복음에 대해 회의적인 것이 아닙니다. 단지 청년부에 대해 회의적일 뿐입니다. 김호준 형제의 청년부 공동체를 향해 달라진 태도, 그리고 불평 섞인 말들만으로 그를 성급히 판단하는 것은 부당한 것 같아요.

사람은 성장합니다. 자신을 둘러싼 삶의 터전 또한 매번 바뀌게 되지요. 따라서 지난 3년 사이에 김호준 형제의 삶 또한 많이 바뀌었을 겁니다. 예전보다 더 많은 것을 경험했을 것이며 더 깊이 고민하게 되었을 것입니다. 그때 당시 김호준 형제에게 신앙적으로 도움을 줬던 청년부가 지금은 응당 도움이 되지 않을 수도 있습니다.

결국 이는 김호준 형제가 스스로 고민하며 해법을 찾아나가야 할 영역입니다. 우리가 할 수 있는 일이 생각보다 많이 없을 수 있습니다. 그저 조금만 더 기다려주십시오. 응원해주십시오. 따스한 눈빛을 보내주십시오. 굳이 그의 말에 반박할 필요 또한 없습니다. 간혹 그의 말이 종종 날카로울지라도 그의 성정을 믿고 신뢰해주십시오. 어쩌면 그는 홀로 힘겨운 싸움을 하고 있는 것인지도 모릅니다. 그러니 곁에서 친구가 되어주십시오.

김호준 형제는 곧 더 멋진 모습으로 돌아올 것입니다. 결국 길을 찾을 테니까요.

김호준 형제를 여전히 응원하는 홍목사가 드립니다

들어가는 말 : 신앙에도 상황화가 필요하다

많은 사람들이 기독교 신앙은 보편적이고 유일한 삶의 준거라고 고백합니다. 즉, 유럽의 그리스도인들이나 아프리카의 그리스도인들이나 대한민국에 살아가는 우리들 모두 똑같은 기독교 신앙을 갖고 있다고 생각합니다. 뿐만 아니라 1세기 당시에 예수님의 제자들이나 16세기 당시의 종교개혁자들이나 오늘날 우리들이나 모두 똑같은 기독교 신앙을 갖고 있다고 생각합니다. 아니, 똑같은 기독교 신앙을 가져야 한다고 믿는 사람이 많은 것 같습니다. 하지만 우리의 생각보다 인간의 삶은 결코 단순하지 않습니다. 우리 각 개인을 되짚어보더라도 초등학교와 중고등학교, 대학교 시절의 신앙이 모두 다릅니다. 이는 하나의 지역교회를 오랫동안 관찰해보면 알수 있는 일입니다. 초등학교 시절 전도도 많이 하고 교회 활동도 열심히 한다고 해서 그가 어른이 되어서도 좋은 신앙을 가지리라고 장담할 수 없습니다. 반면 교회에 간간히 출석만 하던 친구가 어느 시점부터는 멋진 신앙인이 되어가는 광경을 관찰할 수도 있습니다.

예수님은 한 분이지만 예수님을 믿는 신앙은 다양합니다. 예수 그리스도의 복음은 각자가 처한 상황(context)에 걸맞게 번역되어 자리잡습니다. 이를 두고 상황화(contextualization)라고 말합니다. 팀 켈러[1] 또한 기독교 복음이 각자의 문화적 특성에 따라 다르게 해석될 수 있기에 이를 유념해야 한다고 말합니다. 대한민국 사회에서 복음 및 성경을 가르치는 방식과 미국 사회에서의 방식이 다를 수밖에 없습니다. 마찬가지로 우리도 한 분 주 예수 그리스도에 대한 신앙을 고백하지만 각자의 시공간에 따라서 전혀 다른 색깔의 신앙을 갖고 있습니다. 출석하는 교회, 교단에 따라 혹은 담임목회자의 성향에 따라, 하물며 같은 동네 아파트 옆집에 살고 있는 주민이라도 서로 신앙의 색깔이 다른 경우가 부지기수입니다.

이는 한 개인에게도 적용해볼 수 있지 않을까요? 초등학교 학생으로 살 때 마주하는 신앙적 유혹 혹은 선택해야 하는 신앙적 결단과, 중고등학교 청소년 시절 마주하는 신앙적

---

1 CTC의 창립자 팀 켈러는 『센터처치』에서 Part3 전체를 할애하여 각 상황에 걸맞은 복음의 상황화가 필요함을 역설하고 있습니다. 물론 상황에 의해 복음이 변질될 가능성도 여전히 존재합니다. 자세한 내용은 팀 켈러, 『센터처치』를 참조하십시오.

유혹과 선택해야 하는 신앙적 결단은 결코 같지 않습니다. 아직 대학생이던 선교단체 혹은 청년부 시절만큼은 모범적인 신앙을 갖고 있었다 할지라도, 직장생활에 들어가면 신앙의 의미 자체를 상실하고 선데이 크리스천으로 살아가는 경우도 많습니다. 한 사람의 인생을 살펴보면 각 시기마다 삶의 배경이 달라집니다. 또한 그에 걸맞은 신앙적 고백도 달라집니다. 따라서 대다수의 교회들은 각 시기별 사람에게 걸맞은 신앙교육을 진행합니다. 이를테면 결혼 적령기의 남성 및 여성이 함께하는 성경공부와 이미 부모가 된 여성 및 남성이 함께하는 성경공부는 다릅니다. 같은 청년부라 하더라도 대학생 시절 함께 모여 하던 성경공부와 직장인이 된 이후 함께 모여하는 성경공부는 다릅니다. 교회의 신앙교육 프로그램 또한 한 사람의 인생에서 겪는 시기별 변동에 걸맞은 신앙의 재구성(contextualization)을 고려하고 있는 겁니다.

앞의 이야기에서 등장한 김호준 형제가 겪고 있는 개인적인 씨름이 바로 여기서 기인합니다. 한 개인은 사회 속에서 살아가면서 각 시기마다 전혀 다른 정황 속에 묶입니다. 대학생 시절 가장 중요한 것은 주일성수와 교회봉사입니다. 바쁜 대학생활 속에서도 성경말씀을 읽고 기도를 놓치지 않으며 간간히 주변 친구들에게 전도를 하는 것 정도면 무척 훌륭한 신앙인입니다. 또한 '커닝하지 않기 운동'에 참여하는 것만으로도 세상 속에서 빛과 소금으로 살아가기에 충분합니다. 하지만 이제 대학생활을 마무리하고 사회생활에 접어드는 문턱에서는 전혀 다른 맥락의 고민과 마주합니다. 남들처럼 대기업에 서류를 넣는 것은 과연 기독교적일까요? 자기소개서를 쓰는 과정 가운데 나의 이력과 서사를 부풀리는 것이 과연 정당할까요? 그렇다고 그리스도인이라면 상황이 좋지 않은 중소기업에만 지원해야 하는 것일까요? 하물며 내가 선택하려고 하는 직업이 수행하는 일상은 과연 기독교적일까요? 장사를 하려고 할 때 과연 얼마만큼 남겨야 기독교적일까요? 누군가에게 영업을 하는 행위 자체는 과연 기독교적이라 할 수 있을까요? (결코 쉬운 문제가 아닙니다)

삶의 정황이 바뀌면 모든 것이 달라집니다. 어제까지만 해도 신앙적이었던 내 모습이 오늘부터 비신앙적일 수도 있습니다. 초등학교 시절에는 성경을 읽은만큼 달란트를 받아 떡볶이를 사먹는 것이 신앙적이라고 생각했는데, 어른이 되고 나서도 성경을 읽은만큼 보상을 바란다면 이는 바람직하지 않습니다. 대학생 시절까지만 해도 커닝하지 않는 것만으로도 사회적으로 빛과 소금이 된다는 자부심이 있었지만, 이제 직장을 고민해야 할 시기가 닥치자 그것만으로는 부족합니다. 이전에 나에게 영감을 주었던 책은 더 이상 영감을 주지 않는 경우가 많습니다. 이전에 나의 이정표가 되었던 성경

말씀과 설교들은 더 이상 이정표가 되지 못하는 경우도 많습니다. 상황(context)이 달라졌기에 이제는 새로운 상황화(contextualization)가 필요합니다. 물론 그 과정 속에서 신앙 자체를 잃는 것처럼 보이는 경우도 많습니다만 신앙을 잃었다기보다는 신앙의 재구성(contextualization)에 실패했다거나 혹은 여전히 신앙의 재구성(contextualization)을 고민하고 있다고 보는 편이 적절합니다.

김호준 형제의 입장에서 생각을 해보면 어떨까요? 어제까지만 해도 굳게 믿었던 진리가 상황이 변하면서 무너졌습니다. 어제까지만 해도 내게 의미있었던 신앙의 이야기들이 이제는 상황이 바뀌면서 모두 그 의미를 상실해버렸습니다. 아마 화가 났을 겁니다. 왜냐하면 자신은 바뀌었는데 주변은 하나도 바뀌지 않았거든요. 설교자도, 주변의 벗들도, 여전히 어제의 이야기를 반복하고 있으니까요. 때문에 어쩌면 그는 설교자들을 향한 분노가 생겨났을 겁니다. 또한 여전히 그 자리에 머물고 있는 신앙의 벗들에 대한 분노가 생겨났을 겁니다. 이제 그는 자연스럽게 동료 신앙의 벗들에게, 그리고 목사님들에게, 그리고 끝내는 하나님께 불평과 분노를 표출할 수밖에 없습니다. 이는 자신의 신앙을 새롭게 재구성(contextualization)해나가는 여정 가운데 상당수 많은 이들이 거치는 단계이기도 합니다.

교회 안에는 다양한 종류의 다툼이 있습니다. 그 중 하나가 **그리스도인 개인이 교회의 가르침에 반발하면서 일어나는 다툼**입니다. 처음부터 교회의 가르침에 호의적이지 않았던 지체의 반발이라면 큰 문제가 되지 않을 겁니다. 허나 어제까지만 하더라도 교회의 가르침에 순응하며 신앙의 모범으로 살던 지체가 어느날 문득 교회의 가르침에 불만을 공개적으로 표하며 다툼이 커지는 경우가 종종 있습니다. 그 중 일부는 신천지나 하나님의교회와 같은 자명한 이단의 가르침을 선택하기도 합니다. 또 때로는 마치 영지주의 집단처럼 다소 비밀스러운 집단의 불건전한 가르침을 배우는 선택을 하는 경우도 있습니다.

이런 다툼이 일어날 때에 그 원인은 어디에 있을까요? 무조건 교회 공동체에 특별한 문제가 있다고 보기는 힘들 것입니다. 그렇다고 김호준 형제 같은 개인에게 절대적으로 모든 문제가 있다고 보는 것도 적절하지 않습니다. 따라서 이런 유의 다툼 및 갈등은 해결해야 할 문제라기보다는, 교회공동체가 함께 이해하고 끌어안아야 할 문제에 가깝습니다. 김호준 형제와 교회 공동체 사이에 일어난 갈등의 대부분은 결국 김호준 형제가 수행해야 할 신앙의 재구성(contextualization)에서 파생된 문제이기 때문입니다.

욥은 잠언의 세계 안에 살던 사람이었습니다

잠언대로 살아서 잠언대로 복을 받다

성경 속에도 김호준 형제와 꼭 닮은 인물이 등장합니다. 바로 욥기에 등장하는 인물인 우스 땅에 살던 욥(욥 1:1)입니다. 혹자는 여기서 의문을 품을 수도 있겠습니다. 욥기는 인간이 겪는 고난의 문제를 성찰한 책인데, 고난을 겪는 의인 욥과 김호준 형제가 무슨 상관이 있냐고 말입니다. 하지만 저의 안내를 따라 차근차근 욥의 문맥을 따라가다 보면 어느새 욥의 이야기 속에서 김호준 형제의 잔상을 발견하게 될 것입니다.

먼저 욥은 어떤 인물일까요? 욥기 본문은 욥에 대해서 세 번에 걸쳐서 해설합니다.

"우스 땅에 욥이라 불리는 사람이 있었는데 그 사람은 **온전하고 정직하여 하나님을 경외하며 악에서 떠난 자더라**"(1:1)

"여호와께서 사탄에게 이르시되 네가 내 종 욥을 주의하여 보았느냐 그와 같이 **온전하고 정직하여 하나님을 경외하며 악에서 떠난 자는** 세상에 없느니라"(1:8)

"여호와께서 사탄에게 이르시되 네가 내 종 욥을 주의하여 보았느냐 그와 같이 **온전하고 정직하여 하나님을 경외하며 악에서**

떠난 자가 세상에 없느니라 네가 나를 충동하여 까닭 없이 그

를 치게 하였어도 그가 여전히 자기의 온전함을 굳게 지켰느니

라"(2:3)

욥은 온전하고 정직하여 하나님을 경외하며 악에서 떠난

자입니다. 욥기 본문의 나레이터(1:1)가 등장해서 욥의 캐릭

터를 소개합니다. 이어서 여호와께서 사탄에게 두 번이나 욥

의 캐릭터를 언급합니다. 이는 욥기 전체를 관통하는 욥의

캐릭터 해설입니다. 욥은 어떤 인물일까요? 세 번에 걸쳐 반

복된 해설에 기초하자면 우스 땅의 욥은 **잠언이 제시하고 있**

는 모범에 따라 살고 있는 인물입니다.[2]

본문을 조금 더 자세히 살펴보면 구체적인 확신을 가질

수 있습니다.

"그는 **정직한** 자를 위하여 완전한 지혜를 예비하시며 행실이 **온**

전한 자에게 방패가 되시나니"(잠 2:7)

---

2   욥을 수식하는 단어는 '온전'과 '정직', 그리고 '경외'와 '악'에서 '떠남'입니다.
'온전'과 '정직'이라는 단어가 한쌍으로 사용된 용례는 열왕기상, 시편, 그리
고 잠언입니다. 또한 '경외'와 '악'에서 '떠남'이라는 단어가 쌍으로 사용된 용
례는 이사야와 잠언입니다. (물론 이사야 본문에서는 경외라는 단어의 문맥
상 의미가 다릅니다) 따라서 우리는 욥을 수식하는 문장인 '온전하고 정직
하여 하나님을 경외하며 악에서 떠난 자가 사실상 잠언이 제시하고 있는 모
범에 따라 살고 있으며, 그에 따라 잠언이 허락한 축복을 받은 인물이라는
의미로 읽을 수 있겠습니다. 자세한 내용은 송민원, 『지혜란 무엇인가』를 참
조하십시오.

"피 흘리기를 좋아하는 자는 **온전한** 자를 미워하고 **정직한** 자의 생명을 찾느니라"(잠 29:10)

이처럼 잠언은 '**온전하고 정직함**'을 요구합니다.
이어서 다음 본문을 살펴봅시다.

"스스로 지혜롭게 여기지 말지어다 **여호와를 경외하며 악을 떠날지어다**"(잠 3:7)
"지혜로운 자는 **두려워하여 악을 떠나나** 어리석은 자는 방자하여 스스로 믿느니라"(잠 14:16)

잠언 14장 16절의 '두려워하다'로 번역된 히브리어 단어는 하나님을 '경외하다'로 번역된 히브리어 단어와 똑같습니다. 즉, 잠언은 '여호와를 경외하며 악에서 떠남'을 요구하고 있습니다.

그렇다면 우리는 이렇게 정리할 수 있습니다. '**온전하고 정직하여 하나님을 경외하며 악에서 떠난 자**'라는, 욥기가 세 번이나 반복해서 강조한 욥의 캐릭터는 어떤 의미인가요? 이는 욥이 잠언이 제시하는 교훈을 따라 성실히 살아가고 있었다는 말입니다. 참고로 잠언은 단순히 어떤 교훈을 권면하기만 하는 책이 아닙니다. 오히려 잠언은 창조세계를 지탱하는 창조질서에 대한 통찰입니다. 잠언의 권면을 따르는 사람들은 복을 받을 것입니다. 잠언의 권면을 어기는 사람들은 벌을 받을 것입니다. 이는 창조주 하나님께서 직접 개입하셔서 복을 베푸시고 징계하신다는 의미가 아닙니다. 창조주 하나님께서 구태여 개입하지 않더라도 우리가 사는 창조세계가 그렇게 지어졌다는 의미입니다. 이처럼 잠언이 그려내고 있는 창조세계는 인과응보의 법칙이 굳건히 작동하는 세계입니다. 창조주 하나님께서 그렇게 세상을 만드셨습니다. 따라서 잠언의 권면을 따라 사는 사람은, 곧 창조세계의 원리를 체득하며 사는 사람이자, 복을 받을 수밖에 없는 사람입니다. 이는 바로 욥의 이야기입니다. 욥에게는 아들이 7명, 딸이 3명 있습니다. 다복한 가정입니다. 또한 양, 낙타, 소, 암나귀와 종으로 상징되는 소유물도 많은 인물입니다.[3] 이처럼 욥은 잠언의 교훈에 따라 성실하게 살아간 사람이며, 그에 걸맞은 복도 받은 사람입니다. 적어도 잠언의 관점에서 보면 욥만큼 완벽한 사람은 없지 않을까요?

"이 사람은 동방 사람 중에 가장 훌륭한 자라"(1:3)

---

3   구약박사 권지성은 욥의 일곱 아들과 세 딸, 그리고 함께 등장하는 양 7천 마리와 낙타 3천 마리가 공통적으로 7:3이라는 점이 '자녀와 소유의 풍부함을 통해 욥이 지닌 최상의 경건'(42)을 암시하고 있다고 해설합니다. Clines 의 해설을 인용하며 숫자 7은 완전을, 숫자 3은 전체를 의미한다는 겁니다. 자세한 내용은 권지성, 『특강 욥기』를 참조하십시오.

잠언의 세계에서 쫓겨나다

이처럼 욥기의 이야기는 **잠언대로 살아서 실제 잠언대로 복을 받아봤던 한 사람**으로부터 시작됩니다. 즉, 욥은 '잠언의 세계'에서 만큼은 최강자였다는 말로 이야기의 포문을 엽니다.

저는 한국대학생선교단체(CCC) 출신입니다. 신앙도 좋았고 성적도 좋았고 취업도 잘한 선배들이 졸업한지 3년 정도 후에 만나면 다들 하는 말이 있었습니다. 대학생 시절이 좋았다는 겁니다. 적어도 대학생 시절에는 자신에게 신앙이 있었다는 겁니다. 반면 지금은 사회생활에 찌들어서 주일에 교회 가는 것 말고는 신앙의 흔적을 찾아볼 수 없다는 겁니다. 따라서 어떤 선배들은 지금 대학시절에 감사하면서 신앙생활을 해야 한다고 말했습니다. 반면 어떤 선배들은 지금 우리가 겪는 유혹과 고초는 아무 것도 아니라고 말했습니다. 지금 신앙은 사실 신앙이라고 말할 수 없다고 말했습니다. 우물 안 개구리가 대학을 졸업하고 바깥으로 나가면 온갖 거친 풍파 속에서 진짜 신앙이 무엇인지 시험하는 시험대에 선다고 말했습니다. 이는 선배들의 이야기이기도 했지만 저의 이야기이기도 했습니다. 교회에서는 신앙이 좋은 청년이었습니다. 교회에서는 누가 봐도 리더십이 있었습니다. 선교단체에서도 마찬가지였습니다. 누구보다 성경을 많이 알고, 기도회 인도도 할 줄 알고, 찬양 인도도 할 줄 알고, 누구보다 앞장서서 리더십있게 섬기는 사람이었습니다. 하지만 정작 4학년이 되어서 취업을 준비할 때가 되니까 그 모든 것이 무의미해졌습니다. 스펙을 쌓는 것이 성경적인가, 자소서를 부풀려 적는 것이 성경적인가, 어떤 직업 혹은 어떤 직장에 취업하는 것이 성경적인가 끝없이 물었지만 내 안에 답할 수 있는 자원이 결코 보이지 않았습니다.

김호준 형제 또한 다르지 않았을 겁니다. 그는 한때 자신이 속한 세계 내에서는 신앙이 가장 좋은 사람이었을 겁니다. 담당 목회자뿐만 아니라 소그룹의 사람들도 웬만한 일에는 김호준 형제를 신뢰했을 겁니다. 신앙적으로 조언도 많이 하고 상담도 많이 하며, 많은 이들에게 신앙적으로 선한 영향력을 베풀었을 겁니다. 말 그대로 신앙의 최강자였습니다만 그 또한 특정 세계 안에서만 가능한 일이었습니다. 모든 사람들은 때가 되면 자신이 속했던 세계를 벗어나 새로운 세계로 옮겨가게 됩니다. 대학시절 믿음도 성적도 좋았던 저의 선배들이 그러했습니다. 다들 선망하는 대기업에 들어가는 광경을 지켜보면서 하나님의 은혜라고 고백했습니다. 또한 지금껏 좋았던 신앙이 대기업 속에서도 꽃피우길 축복하며 기도했습니다. 하지만 정작 선배들이 마주해야 했던 것은 자신을 둘러싼 맥락(context)의 변주에 걸맞춰 신앙을 재구성(contextualization)하는 일이었습니다.

욥기는 욥의 맥락(context)이 변주되는 이야기입니다. 잠언 대로 살아, 잠언대로 복을 받은 욥이 잘 먹고 잘 살았다는 이야기로 평탄하게 이어지지 않습니다. 복을 받아 잘 먹고 잘 살던 욥 앞에 재앙이라는 새로운 맥락(context)이 등장합 니다. 욥의 자녀와 재산 모두는 욥의 신앙의 살아있는 증거 였습니다만, 까닭 없이 들이닥친 재앙이라는 맥락(context)은 욥을 '모태에서 나온 알몸'(1:21)으로 만들어버립니다. 욥은 한순간에 모든 재산을 잃어버립니다. 또한 종기로 말미암아 뼈와 살의 고통을 받습니다. 이는 결국 잠언에 기록된 대로 실천하여 받은 복을 모두 다시 빼앗긴 이야기입니다. '잠언의 세계'에서 잠언대로 살아 잠언대로 복을 받았던, 잠언의 세 계 최강자 욥이 한순간에 잠언대로 받은 모든 복을 빼앗겼 습니다. 욥기 1장에 등장한 욥은 잠언대로 살면 잠언대로 복 을 받을 수 있는 세계 안에 있었습니다. 하지만 이제 욥은 잠 언대로 살아봤자 재앙을 피할 수 없는 세계로 쫓겨난 것입니 다. 이처럼 욥기는 (우리가 흔히 생각하는 것처럼) 개인의 고난에 대해서 다루는 이야기가 아닙니다. 오히려 **"까닭 없이"(1:9, 2:3)[4] 파괴된 세계로 말미암아 신앙의 혼란을 겪는 사람의 이**

4 　대다수의 그리스도인들은 욥기를 읽으면서 개인의 고난에 초점을 맞추는 경향이 있습니다. 특별히 고난의 원인을 찾으려는 의도를 갖고서 하나님과 사탄의 대화를 분석하는 경우가 많습니다. 하지만 적어도 본문(1:10, 2:3, 2:10)에 따르면 욥기의 주제는 '까닭 없는 하나님 경외'이며, 그에 걸맞게 그 에게 들이닥친 재앙 또한 '까닭 없는 경외'를 시험하기 위한 '까닭 없는 재앙'

야기입니다. 따라서 우리는 욥기를 상황(context)이 바뀌면서 신앙의 재구성(contextualization)이 필요하게 된 김호준 형제의 이야기에 비추어 읽을 수 있겠습니다.

그럼에도 여전히 잠언의 교훈을 버릴 수 없었다

욥은 잠언의 세계에서 쫓겨났습니다. 따라서 달라진 상황에 걸맞게 신앙을 재구성해야 할 시점에 서 있습니다. 하지만 신앙을 재구성한다는 일은 결코 쉬운 일이 아닙니다. 시간이 필요합니다. (이후 살펴보겠지만) 기나긴 방황을 거쳐야만 비로소 신앙의 재구성이 가능합니다. 신앙의 재구성이 필요하지만 여전히 신앙이 재구성되지 않은 상태에서 그가 할 수 있는 일은 무엇일까요? 욥기 2장 후반부는 욥이 잠언의 세계에서 추방당한 후에도, 여전히 잠언이 말하는 창조세계의 법칙에 순응하고 있음을 보여줍니다. 잠언대로 살면 복을 받는 세계에서 추방당한 이후에도 그는 여전히 잠언의 교훈대로 살아갑니다. 성경은 욥이 신앙을 잃은 것은 아니라는 말을 애써 강조하고 있습니다. 잠언의 세계에서 추방당한 후에도 욥은 여전히 "온전하고 정직하여 하나님을 경외하며 악에서 떠난 자"(1:1, 1:8, 2:3)라는 사실을 애써 강조합니다.

으로 봐야 옳을 것입니다. 따라서 욥기 본문에서 고난의 원인을 찾으려는 시도는 자연스럽지 않습니다.

잠언이 약속한 복은 커녕 재앙을 마주했던, 잠언의 세계에서 추방당한 욥에게 욥의 아내는 일갈을 내뱉습니다.

"당신이 그래도 자기의 온전함을 굳게 지키느냐 하나님을 욕하고 죽으라"(2:9)

욥의 아내는 이런 말을 할 자격이 있습니다. 욥이 겪는 까닭 없는 재앙을 욥의 아내 또한 함께 겪었을 것이기 때문입니다. 아내의 말은 명료합니다. 잠언의 창조질서가 통하지 않는 세계라면 굳이 잠언의 창조질서를 존중할 필요가 없다는 겁니다.

욥기 1:5	욥이 말하기를 혹시 내 아들들이 죄를 범하여 마음으로 하나님을 욕(ברך)되게 하였을까 함이라
욥기 1:11	이제 주의 손을 펴서 그의 모든 소유물을 치소서 그리하시면 틀림없이 주를 향하여 욕(ברך)하지 않겠나이까
욥기 2:5	이제 주의 손을 펴서 그의 뼈와 살을 치소서 그리하시면 틀림없이 주를 향하여 욕(ברך)하지 않겠나이까
욥기 2:9	당신이 그래도 자기의 온전함을 굳게 지키느냐 하나님을 욕(ברך)하고 죽으라

여기서 욥의 아내가 언급하고 있는 '욕'이라는 단어 또한 흥미롭습니다. 욥은 먼저 자신의 자녀들이 혹여나 하나님을

'욕되게'(1:5)했을까 걱정했습니다. 사탄마저도 그의 잠정적 목표를 욥이 주를 향하여 '욕'(1:11, 2:5)하게 만드는 것이라고 두 차례나 말하고 있습니다. 잠언을 보면 입술을 굳게 지킬 것을 수차례 권면합니다. 즉, 하나님을 향해 '욕'을 내뱉는 것의 문제는 잠언의 교훈을 여전히 준수하느냐의 문제와 직결되는 리트머스 시험지입니다.

끝내 성경은 욥이 '입술로 범죄'(2:10)하지 않았다고 기록합니다. 여전히 '잠언의 창조질서를 존중하는 사람'으로 그려내고 있습니다. 욥은 잠언의 세계에서 쫓겨난 이후에도 여전히 잠언의 교훈을 따르는 사람입니다. 흔히 말하는 '그리 아니하실지라도'의 신앙입니다. 여기서 그의 신앙과 인내에 감탄할 수도 있겠습니다. 하지만 그 신앙과 인내 이면에 드리운 그림자를 한번 상상해봅시다. 아마도 욥은 하나님께 '욕'을 하고 싶었을지도 모르겠습니다. 그동안 온 인생을 통해 준수해온 '잠언의 교훈'을 모조리 벗어던지고 싶었는지도 모르겠습니다. 하지만 자명한 것은 욕을 한다 한들, 잠언의 교훈을 내버린다 한들, 현재 그의 삶에 드리운 재앙이 사라지는 것은 아니라는 점입니다. 어떤 의미에서 그는 위대한 신앙 혹은 숭고한 인내를 가진 사람이기 이전에 비운의 사나이입니다. **평생 잠언의 세계에서 살다가, 이제는 잠언의 세계에서 쫓겨난, 그래서 앞으로 무엇을 해야 할지 가늠할 수조차 없는 사람**이 바로 욥입니다.

이제 욥에게는 어떤 이야기가 펼쳐질까요? 다시 한번 말하지만 이는 욥만의 이야기가 아닙니다. 김호준 형제처럼 자신을 둘러싼 세계(context)가 변함에 따라, 신앙을 재구성(contextualization)해야 하는 대다수의 그리스도인들이 겪을법한 이야기입니다.

신학적 논쟁에 입문하다

저는 가나안 성도였습니다. 흔히 말하는 바처럼 교회에 '안 나가'게 된 겁니다. 매주 교회에 출석하여 예배를 드리던 그 시간에 저는 일어나 기타를 치며 찬양하기도 했고, 성경이나 혹은 신앙서적을 읽기도 했습니다. 물론 잠을 보충하기도 했었지요. 당시 저의 관심사 중의 하나는 신학적 논쟁이었습니다. 칼빈주의자들이 말하는 제한 속죄가 옳은지 혹은 알미니안주의자들이 말하는 보편 속죄가 옳은지 관심이 많았습니다. 한 걸음 더 나아가 단 한 번도 의심하지 않았던 갈보리의 십자가 사건이 어떻게 우리의 죄를 해결하는지에 대한 속죄론, 그리고 우리가 해결받는 죄가 무엇인지에 대한 죄론에도 관심이 많았습니다. 참 아이러니하죠. 교회에 나가지도 않으면서 신학적 논쟁에 지대한 관심을 갖다니 말입니다. 실제 그랬습니다. 신학적으로 고민이 깊어질수록, 그 고민을 해결할 수 없는 교회는 너무도 초라해보였습니다. 자연스럽게 조금씩 교회를 찾지 않게 된 것이지요.

제가 원래부터 그랬던 것은 아닙니다. 한때는 하나님의 말씀을 무척 사모하던 사람이었습니다. 군대 시절에는 짧은 1박 2일의 휴가를 나와서도 꼭 모교회 청년부 예배에 참석했습니다. 무척 피곤한 여정이라 예배시간 내내 졸면서도 하나님의 말씀이 선포되던 설교시간만큼은 또렷했습니다. 하나님께서 설교를 통해 저에게 말씀하신다는 사실을 생생하게 느꼈습니다. 하지만 그랬던 제가 가나안 성도가 되었던 것입니다. 이유는 욥과 같았습니다. 제가 열정적으로 믿고 실천했던 바들이 무너지는 경험을 했습니다. 저의 신앙세계 전체가 무너진 것입니다. 그럼에도 불구하고 여전히 신앙은 살아있었습니다. 제가 굳게 믿고 있었던 범주 바깥에서 하나님이 살아계시다는 사실을 여전히 경험했기 때문입니다. 당시 저의 신학은 완전히 무너져내렸지만 여전히 신앙은 살아있었습니다. 따라서 여전히 살아있는 저의 신앙을 고스란히 담을 수 있는 새로운 신학을 찾아 헤매고 있었습니다.

굳게 믿어왔던 신학체계는 무너졌으나 여전히 살아계신 하나님을 믿고 있는 신앙은 살아있던 시절, 덕분에 저는 가나안 성도로 살면서도 여전히 신학적 논쟁에 관심을 기울였던 것입니다. 저의 경험은 잠언의 세계가 완전히 무너지는 경험을 한 욥과 같았습니다. 잠언의 세계 바깥에서는 더 이상 잠언의 교훈이 작동하지 않습니다. 잠언의 세계가 눈앞에서 완전히 무너진 욥은 여전히 잠언의 교훈을 따르며 입술을 지켜봅니다만, 그렇다고 해서 그에게 당도했던 재앙이 사라지지는 않습니다. 아마도 욥은 지금껏 재앙을 겪기 전만 하더라도 신학적 논쟁에는 별 관심이 없었을 겁니다. 잠언에 기록된 바 창조질서를 존중하며 살아가는 욥에게 신학적 논쟁은 한낱 사치로 보였을 겁니다. 하지만 이제는 다릅니다. 그를 지탱하던 세계가 완전히 무너진 지금, 그는 신학적 논쟁의 세계에 입문하게 됩니다. 바로 그에게 필요한 새로운 신학을 찾아야 하기 때문[5]입니다.

잠언의 세계 바깥에서 욥은 비명을 지르게 됩니다

세 친구 또한 신앙적인 인물이다

욥기는 크게 세 파트로 구분됩니다. 첫 번째 파트는 욥기 1장

---

5 앞으로 욥이 겪을 여정은 새로운 '신학'을 찾는 여정입니다. 여기서 말하는 '신학'은 근본주의 신학, 개혁주의 신학, 복음주의 신학과 같은 어려운 신학 체계를 말하는 것은 아닙니다. 오히려 내가 하나님을 향해 갖고 있던 '신앙'을 내 삶과 생각 가운데 뿌리내릴 수 있게 하는 '세계관'을 의미합니다. 욥이 믿던 '잠언의 세계관'이 곧 지금까지의 욥의 신학이었습니다. 하지만 재앙으로 말미암아 이전의 신학은 무너졌고, 이제 욥은 새로운 신학을 찾기 위해 여정을 떠나게 됩니다.

부터 2장입니다. 욥은 "까닭 없이"(1:10, 2:3) 재앙을 겪지만 여전히 잠언의 교훈을 따릅니다. 재앙 속에서도 그는 "온전하고 정직하여 하나님을 경외하며 악에서 떠난 자"(1:1, 1:8, 2:3)임을 증명하는 내용입니다. 이어서 등장하는 두 번째 파트는 욥기 3장부터 41장까지입니다. 첫 번째 파트가 산문으로 구성되어 있다면 두 번째 파트는 여러 편의 주고 받는 운문으로 구성되어 있습니다. 욥과 세 친구, 그리고 엘리후, 하나님까지 등장하며 각자의 신학을 논증하는 단락입니다. 우리는 바로 두 번째 파트를 읽을 때에 신학적 논쟁에 입문하게 된 욥을 발견할 수 있습니다.

먼저 짚고 넘어가야 할 점이 있습니다. 욥과 신학적 논쟁을 펼치는 세 친구는 어떤 사람들일까요? 우리가 일반적으로 생각하는 욥의 세 친구는 상처에 소금을 뿌리는 인물입니다. 오늘날로 따지면 MBTI유형검사에서 T수치가 높은 사람이라 생각할 수 있습니다. 욥이 겪는 고통과 그에 따른 감정 변화에는 관심이 없이 신학적 논리만을 반복하는 사람이라고 볼 수도 있습니다. 흔히 우리들은 욥의 세 친구를 반면교사로 소개하곤 합니다. 고통을 겪는 사람들 앞에서 욥의 세 친구처럼 되지 말자고 말입니다.

하지만 욥의 세 친구는 두 번째 파트에서야 갑자기 등장한 이들이 아닙니다. 첫 번째 파트(1-2장) 말미에 이미 등장한 인물입니다. 우리가 알고 있는 세 친구가 욥을 신학으로 괴롭히는 장면 모두는 두 번째 파트(3-41장)의 내용입니다. 첫 번째 파트(1-2장) 말미에서 세 친구는 우리의 통념과는 달리 매우 성숙한 신앙의 인물로 소개됩니다. 성경은 세 친구를 욥을 "위문하고 위로하려"(2:11) "각각 자기 지역에서부터"(2:11) 찾아왔다고 기록합니다. 뿐만 아니라 그들은 "밤낮 칠일 동안"(2:13) 고통을 당한 욥 곁에 머무르며 침묵(2:13)합니다. 만약 욥기 첫 번째 파트(1-2장)까지만 우리가 읽었다고 상상해봅시다. 아마도 세 친구가 욥을 대한 태도는 무척 모범적이라고 생각했을 겁니다. 고통을 겪는 이들이 있다면 멀리부터 찾아와 침묵으로 칠일 간 그의 곁을 지켜주는 세 친구를 본받으라는 설교도 많이 듣지 않았을까요?

이는 첫 번째 파트(1-2장)와 두 번째 파트(3-41장) 사이에 다소 온도차가 있다는 말과도 같습니다.[6] 첫 번째 파트에서는 욥이 재앙을 겪으면서도 입술에 죄를 범하지 않으며 잠언의 창조질서를 존중하는 인물로 그려집니다. 세 친구들 또한 고통을 당한 욥을 위해 멀리서부터 찾아와 밤낮 칠일 동안 침묵을 지키며 위로를 건네는 인물로 그려집니다. 첫 번째 파트

---

6 어떤 학자들의 경우에는 첫 번째 파트(1-2장)와 두 번째 파트(3-41장) 사이의 간극 때문에 각각 서로 다른 문서로 존재했을 가능성을 이야기하기도 합니다. 자세한 내용은 만프레드 외밍, 콘라드 슈미트, 『욥의 길』을 참조하십시오.

에서는 욥과 세 친구 모두 (잠언의 세계에서만큼은) 모범적인 인물로 등장합니다. 하지만 두 번째 파트에서는 욥과 세 친구에게서 이전의 모습을 찾아볼 수 없습니다. 둘은 서로 격렬한 신학적 대립을 펼치기 때문입니다. 즉, 이제 새로운 이야기가 시작되는 것입니다.

더 이상 유효하지 않은 신학을 해체하다

김호준 형제 같은 케이스는 교회 공동체 내에서 천덕꾸러기로 전락합니다. 한때는 교회 공동체 내의 핵심이었을 겁니다만 이제는 다들 불편해합니다. 왜 그럴까요? 단순히 신앙이 흔들렸다는 이유만으로 불편해하는 것일까요? 그건 아닐 것입니다. 지금 다니고 있는 교회를 둘러보십시오. 생각보다 교회 사람들은 신앙적이지 않은 이들과도 잘 지냅니다. 신앙의 혼란을 겪는 이들과도 잘 지냅니다. 다만 대다수의 교우들은 자신의 신앙을 흔드는 사람과는 불화하기 마련입니다. 아마도 김호준 형제가 교회 공동체의 골칫덩어리로 전락한 이유는 김호준 형제에게 있었을 겁니다. 그가 내뱉는 날카로운 비판과 투정들이 결국에는 기존 교회 공동체 지체들의 신앙을 흔들고 있었을 것이기 때문입니다. 이는 신앙을 재구성(contextualization)하는 입장에 서 있는 이들의 숙명이기도 합니다. 그들은 자신의 신앙을 재구성하느라 바쁜 나머지, 자신의 말이 현 교회 공동체의 다른 구성원들에게 어떤 영향을 끼치는지 미처 신경쓰지 못합니다.

이는 바로 욥기 3장에 등장하는 욥의 이야기입니다. 그에게 유일한 관심사는 자신의 신앙을 재구성하는 일입니다. 그는 스스로 신앙이 있다고 믿습니다. 그는 지금껏 믿어왔던 창조주 하나님을 의심하지 않습니다. 다만 욥이 진지하게 성찰하며 의심하는 것은, 그의 특수한 상황(context) 속에 뿌리 내린(contextualization) 잠언의 창조질서 신앙입니다. 욥은 여전히 하나님의 존재를 긍정하며 하나님께 따집니다만 잠언의 창조질서 신앙은 이제 더 이상 수긍할 수 없게 되었습니다. 잠언의 세계에서 쫓겨난 욥에게 잠언이 담고 있는 잠언의 창조질서 신앙은 오히려 폭력적입니다. 따라서 그는 이제 잠언의 창조질서 신앙을 비판하기 시작합니다. 여기까지는 너무도 당연한 일입니다. 하지만 그의 말은 홀로 하는 혼잣말에 머물지 않습니다. 욥의 말은 세 친구를 향합니다. 욥의 발언을 듣고 있는 세 친구들은 여전히 잠언의 세계에 살고 있는 인물입니다. 잠언의 창조질서 신앙, 인과응보 신앙이 당연하다고 믿고 있습니다. 그런데 이를 고려하지 못한 욥은 자신에게 닥친 고통으로 말미암아 잠언의 창조질서 신앙을 도끼로 깨부수고 있습니다. 바로 여기에서 갈등이 발생한 것입니다.

욥기 2장까지의 욥은 '그리 아니하실지라도'의 신앙과 인내를 보여주었습니다. 자신을 둘러싼 잠언의 세계가 파괴되는 것 같은 고통 속에서도 그는 잠언으로부터 배운 창조질서 신앙을 굳건히 지켰습니다. 하지만 두 번째 파트에 속하는 욥기 3장부터의 욥은 전혀 다릅니다. 그는 이제 잠언의 세계로부터 빠져나와 새로운 세계에서의 신앙을 찾아 헤매는 (contextualization) 여정을 시작합니다. 욥의 아내는 앞서 하나님을 '욕'할 것을 권했습니다만 (첫 번째 파트에 등장하는) 욥기 2장의 욥은 아내의 권면을 받아들이지 않았습니다. 하지만 (두 번째 파트에 등장하는) 욥기 3장의 욥은 아내의 권면을 일부 받아들입니다. (창조주 하나님을 욕하진 않지만) 창조주 하나님의 창조세계를 욕하기 시작합니다. '자기의 생일'부터 시작하여 창조세계 전체를 저주(3:1)하기 시작합니다. 그의 저주 목록은 찬란합니다. 자신이 태어나던 그 날에 빛이 아닌 어둠이 가득했더라면(3:4-5), 해와 달이 없었더라면(3:6), 리워야단이 날뛰었더라면(3:8) 그는 이미 죽은 채로 안식을 누렸을 것 (3:13)이라 말합니다. 자신이 태어난 날에 존재하고 있었던 창조세계를 저주한 것입니다.

이는 결국 창조주 하나님에 대한 저주와 유사합니다.[7] 창

---

7   권지성 박사의 경우에는 마이클 피쉬베인의 주장을 소개합니다. 마이클 피쉬베인에 따르면 욥기 3장의 문학패턴과 창세기에 등장하는 창조순서가 동일하다는 겁니다. 욥기가 창세기의 창조 이야기를 염두에 두고 기록했을 것이라는 추정입니다. 물론 권지성 박사는 이에 동의하지 않습니다만 큰 틀에서 욥기 3장이 하나님의 창조세계에 대한 비판을 의도하고 있다는 사실은

세기는 "혼돈하고 공허하며 흑암이 깊음 위에"(창 1:1) 있던 시절에 하나님께서 개입하셔서 창조세계를 펼치셨다고 이야기합니다. 그리고 창조세계의 정점은 인간(6일)이며, 안식(7일)이라고 말합니다. 하지만 욥은 은유의 언어를 통해서 자신이 태어나던 날만큼은 흑암에 의해, 혼돈과 공허에 의해 자신의 존재 자체가 창조되지 않았더라면, 즉 하나님께서 이 세상의 창조에 개입하지 않으셨다면 차라리 자신이 안식했을 것이라 말합니다. 이는 마치 부모를 탓하는 아이의 말과 유사합니다. 왜 나를 이 세상에 태어나게 하셨냐는 울분과 투정이 담겨있는 말입니다. 이는 그만큼 욥에게는 현 세계가 부당하다는 말입니다. 지금껏 배워왔던 잠언의 창조질서 신앙이 욥의 현실과는 맞아 떨어지지 않는다는 말입니다. 현재 욥은 자신의 삶 가운데 뿌리내린(contextualization) 잠언에 담긴 창조질서 신앙을 도끼로 깨트리는 중에 있습니다.

그때 그의 곁에는 누가 있었나요? 바로 고통을 "위문하고 위로하려"(2:11) 찾아와 "일제히 소리 질러 울며 각각 자기의 겉옷을 찢고 하늘을 향하여 티끌을 날려 자기 머리에 뿌리고 밤낮 칠일 동안"(2:12-13a) 머물던 세 친구가 있었습니다. 욥은 스스로의 고통으로 말미암아 신앙을 재구성(contextualization)하려는 중에 있습니다. 하지만 그 작업은 자

뚜렷해보입니다. 자세한 내용은 권지성, 『특강 욥기』를 참조하십시오.

신의 신학적 재구성(contextualization)을 넘어서 결국 세 친구의 신학을 공격하는 데까지 이릅니다. 여기서 꼭 짚고 넘어가야 할 사실은, 세 친구가 먼저 욥의 상처에다가 소금을 뿌린 것이 아니라는 점입니다. 오히려 욥이 먼저 그를 찾아와 위로하던 세 친구의 신앙을 공격했습니다. 세 친구가 기초하고 있던 창조질서 신앙을 뒤흔들기 시작한 것은 바로 욥이었습니다.

엘리바스는 욥을 이해할 수 없었다

세 친구의 입장에서 생각해봅시다. 지금껏 신앙적으로 올곧게 살아왔던 욥이 갑작스럽게 재앙을 당했습니다. 먼길을 무리해서 찾아와 욥을 위로하고 그를 위해 밤낮 칠일 동안 침묵하며 그를 위로했습니다. 그들은 칠일 동안 어떤 생각을 했을까요? 적어도 그들은 도착하자마자 바로 욥이 은밀한 가운데 죄를 지어 그에 따른 징계를 초래했다고는 생각하지 않았을 겁니다. (만약 그랬다면 욥의 몰골을 보고 바로 저주를 퍼붓거나, 회개를 외치거나, 혹은 자신의 고향으로 돌아갔겠지요) 아마도 인간이 헤아릴 수 없는 하나님의 신묘막측한 섭리에 대해 깊이 묵상했을 겁니다. 따라서 그들은 (욥이 발언하기 전까지만 해도) 욥을 지지하고 응원하며 기다렸을 겁니다. 지금까지 욥이 살아온 행적과 같이, 욥은 결국 고통을 탈탈 털고 일어나서 다시금 '온전하고 정직하여 하나님을 경외하며 악에서 떠난' 창조질서 신앙의 모범적인 인물로 살아나갈 것이라 기대했을 겁니다.

하지만 욥기 2장에서의 욥과 욥기 3장에서의 욥은 다릅니다. 욥기 2장에서의 욥은 여전히 잠언의 창조질서를 따르며 입술을 굳게 지킨 사람으로 묘사됩니다. 그러나 욥기 3장이 시작되면서 욥은 입술을 열어 창조세계에 대해, 그리고 창조주에 대해 비판하기 시작했습니다. 세 친구는 욥의 발언을 들으면서 어떻게 생각했을까요? 세 친구는 돌아가면서 총 8번에 걸쳐 욥에게 말을 건넵니다. 세 친구와 욥의 논쟁을 따라가다 보면 점점 논쟁이 격렬해지는 것을 발견할 수 있습니다. 여기서는 우선 엘리바스와 욥의 논쟁만 한정지어 살펴보겠습니다.

"하지만 이제 자네가 곤경에 처했고 괴로워하고 있어! 큰일을 당한 충격으로 비틀거리고 있군. 하지만 지금은 자네가 경건한 삶에서 자신감을 얻어야 할 때가 아닌가. 모범적인 삶에서 희망을 찾아야 할 때가 아닌가!"(4:5-6, 메시지)

엘리바스는 첫 번째 발언(4-5장)에서 창조질서를 에둘러 비판한 욥에게 그가 살아왔던 신앙의 행적을 상기시켜줍니다. 처음부터 논쟁하려 했던 것은 아닌 것 같습니다.

> "인간이 불행을 타고 태어나는 것은 불티가 위로 치솟는 것처럼
> 자명한 일이네. 내가 자네라면 하나님께 곧장 나아가 그분의 자
> 비에 매달리겠네"(5:7-8, 메시지)

하지만 엘리바스의 7-8절의 말은 다소 욥의 심기를 거슬
렀던 것 같습니다. 사실은 엘리바스가 욥의 상황을 적절하게
이해하지 못하고 실언한 것에 가깝겠지요. 그래서 욥은 엘리
바스의 거슬린 말에 대해 날카롭게 반응합니다.

> "하나님이 나를 밟아주셨으면,
> 벌레처럼 짓이겨 영원히 끝장내주셨으면.
> 그러면 궁지에 몰린 나머지 한계선을 넘어
> 거룩하신 하나님을 모독하는 일은 없을 것이고
> 그나마 그것으로 만족할 수 있을 텐데"(6:9-10, 메시지)

아마도 이는 엘리바스가 전혀 상상하지 못한 발언이었을
겁니다. 욥의 입술에서 이런 끔찍한 발언이 나오다니요! 욥
은 어쩌면 엘리바스의 위로를 기초 삼아 과거로 돌아갈 생각
자체가 없는 것은 아닐까요? 그래서인지 엘리바스는 두 번째

발언(15장)에서 다소 격앙된 언어를 내뿜습니다.

"제 감정에 휘둘려
비난을 일삼고 분통을 터뜨리고
온 힘을 다해 하나님께 대항하며
말도 안 되는 소리를 토해내다니, 도대체 어찌 된 일인가?"
(15:12-13, 메시지)

물론 격앙된 언어를 내뿜으면서도 여전히 욥이 돌아올 것을 기대하는 것 같습니다. 하지만 욥은 호락호락하지 않습니다. 오히려 욥은 엘리바스의 위로와 타협하지 않고 자신이 가야 할 길을 갑니다. 그는 이미 창조질서 신앙을 깨부수고 새로운 신앙을 가지기로 마음을 먹은 것만 같습니다.

"주께서 나를 어찌 대하시는지 말없이 증언합니다.
주님의 진노가 나를 노리고
주님의 이가 나를 갈가리 찢으며
주님의 눈이 뚫어져라 나를 노려봅니다.
하나님이 내 원수가 되시다니!"(16:8b-10, 메시지)

엘리바스의 입장에서는 욥이 이해되지 않습니다. 어제까

지만 해도 잠언의 세계 안에서 모범적인 인물이었던 욥이 완전히 변해버렸습니다. 그는 하나님을 신뢰하지 않는 것만 같습니다. 자신 앞에 마주한 모든 고통이 바로 하나님의 것이라며, 하나님의 대적자처럼 말을 내뱉습니다. 그래서 엘리바스는 나름의 결론을 내립니다. 세 번째 발언(22장)을 통해 그는 마치 판사처럼 욥의 인생을 단정짓습니다.

> "자네가 도덕적으로 문제가 많고
> 자네의 죄악이 끝이 없기 때문이야"(22:5, 메시지)

엘리바스의 결론은 이제 명확합니다. 욥은 더 이상 잠언에 기초한 창조질서 신앙의 모범적 인물이 아닙니다. 그에게 닥친 재앙은 창조질서를 어겼기 때문에 받는 징계라는 심증이 점점 확실해지기 시작합니다. 따라서 엘리바스는 욥에게 닥친 재앙은 결국 "목마른 자, 주린 자"(22:7)와 "과부와 고아"(22:9)를 박대한 것에 대한 인과응보의 법칙이 작동한 것이라 단정짓습니다. 욥은 애써 창조질서 신앙을 부인하려고 하지만, 오히려 엘리바스는 창조질서 신앙의 명료함을 기반으로 욥을 정죄합니다. (이는 엘리바스 혼자만의 결론이 아닌 세 친구 모두의 결론입니다) 왜냐하면 현재의 욥은 의도적으로 하나님의 창조세계의 질서를 부정하는 발언을 (또한 암묵적으로는 창조주 하나님을 비난하는 발언을) 서슴지 않고 있기 때문입니다. 만약 욥이 여전히 "온전하고 정직하여 하나님을 경외하며 악에서 떠난 자"였다면 그런 발언은 내뱉지 않았을 것입니다. 적어도 창조질서 신앙에 기초하고 있는 세 친구가 생각하기에는 말입니다.

	욥	욥의 세 친구
첫 번째 파트	입술로 범죄하지 않음(2:10)	각자 자기 지역에서부터 위문하고 위로하려 소리 질러 울며 밤낮 칠일 동안 침묵 (2:11-13)
두 번째 파트	창조주 하나님을 욕하지는 않지만 하나님의 창조세계를 저주하기 시작함	욥에게 의구심을 가진 끝에 끝내 욥이 범죄했다고 단정 지음

서로 이해할 수 없다면 다툴 수밖에 없다

엘리바스의 첫 번째 발언(5장)과 세 번째 발언(22장) 사이의 온도차는 결국 욥의 발언 수위 때문입니다. 재앙을 마주하기 이전에 잠언의 세계 속에 살던 욥이 신학적 논쟁에 관심이 없었던 것처럼, 엘리바스도 (또한 빌닷과 소발도) 신학적 논쟁에 큰 관심이 없었을 겁니다. 그들은 각각의 인생과 세계의 경험들을 풍성하고도 넓게 담아낸 신학을 진술하기에는 아직 훈련이 되어 있지 않은 사람들이었습니다. 단지 그들이 위치한 각자의 세계에서 신앙을 고백할 따름이었습니다. 따라서 그들은 욥의 발언이 담고 있는 진의를 이해할 수 없었습니다. 욥의 진심을 오해했고 그만큼 욥의 삶을 오해했습니다.

하지만 그렇다고 해서 욥이 세 친구의 발언의 진의를 이해한 것 또한 아니었습니다. 세 친구가 욥을 이해하지 못하는 만큼 욥 또한 세 친구를 이해하지 못했습니다. 그 이유는 무엇일까요? 욥기 3장부터 시작되는 욥의 발언을 꼼꼼히 따져보면 무척 흥미로운 점이 있습니다. 그는 자신의 삶에서 잃어버린 재산 혹은 자녀, 하물며 건강에 대해서는 큰 미련이 없는 것처럼 보입니다. 그의 관심사는 자신이 겪고 있는 고통의 문제가 아니었습니다. 욥의 유일한 관심사는 바로 신학입니다. 그가 하나님을 향해 치열하게 묻고 따지는 유일한 물음은 신학입니다. 지금껏 자신이 믿고 따르고 있었던 잠언에서 배운 창조질서 신학이 무너진 지금, 그는 자신이 겪고 있는 현실(context)을 해석해줄(contextualization) 새로운 신학을 찾아 헤매고 있습니다. 따라서 욥은 신학적으로 훈련이 채되지도 않은 세 친구에게 신학적 논쟁을 걸었던 것입니다. 이는 일종의 비명에 가깝다고 봐야겠지요. 자신의 신학이 무너졌다는 것에 대한 비명, 그리고 현재의 새로운 삶을 해석할 새로운 신학을 찾으려고 하지만 마땅치 않다는 것에 대한 비명인 것입니다.

  김호준 형제는 왜 교회의 가르침에 반발했던 것일까요? 교회의 가르침이 마음에 들지 않더라도 홀로 마음 속으로만 비판하면 좋을텐데 왜 그는 공개적으로 이의를 제기하며 교회 내에 분란을 야기했던 것일까요? 김호준 형제의 입장은 욥과 크게 다르지 않습니다. 욥이 세 친구와 힘껏 다퉜던 이유는 사실상 욥이 신실하다는 방증입니다. 지금껏 욥의 삶은 잠언에서 배운 창조질서 신앙 위에 탄탄히 세워져 있었습니다. 하지만 두 번에 걸쳐 찾아온 재앙이 그의 삶의 토대 전체를 완전히 무너트린 것입니다. 김호준 형제 또한 마찬가지입니다. 지금껏 자신의 상황 속에서 뿌리내린(contextualization) 신학이 무너지는 경험은 그에게 무척 끔찍할 수밖에 없습니다. 따라서 그는 공개적으로 (교회의 가르침에 대해 반박한 것이 아니라) 새로운 신학을 향한 여정에 돌입했을 뿐이었습니다. 따라서 자신의 신학적 세계가 무너진 이들에게, 이제는 의미를 잃어버린 이전의 신학의 언어를 통해 설득하고 가르치고 다시금 돌이키려는 세 친구들의 행태는 끔찍했을 것입니다. 이것은 욥에게나 김호준 형제에게는 폭력이었을 것입니다.

  다만 한 가지만 짚고 넘어갑시다. 저 또한 20대 중반 내내 구원론, 속죄론, 죄론에 관심이 많았습니다. 그때 당시 만약 이 모두를 꿰뚫고 있는 신학의 고수를 만났다면 저의 방황은 해결되었을까요? 아닙니다. 그렇지 않았을 겁니다. 저는 겉으로는 구원론, 속죄론, 죄론을 묻고 있었지만 이는 결국 제가 살던 세계가 무너졌다는 비명에 지나지 않았습니다. 지금껏 믿어왔던 신학체계가 쓸모없어졌다는 비명에 지나지 않았습니다. 저는 당시에 이렇게 수많은 비명을 지르면서 끝내 길을 찾을 수 있었습니다. 비명은 해석되지 않는 말입니다. 지나고 보면 사실 아무런 의미가 없는 말입니다. 마찬가지로 욥이 세 친구와의 논쟁 내내 제기했던 신학적 질문들 또한 정작 욥에게 중요한 질문은 아닙니다. (답변이 주어진다 한들 욥은 만족하지 못했을 겁니다) 이는 욥의 비명에 불과합니다.

하지만 그렇다고 비명을 지르지 않는다면 그 다음 단계도 없습니다. 욥은 세 친구를 만나야 했습니다. 괴롭힘을 당해야 했습니다. 끈질긴 신학적 논쟁 속에서 비명을 질러야 비로소 그의 새로운 삶에 걸맞은(contextualization) 신학을 형성할 수 있습니다. 김호준 형제도 마찬가지입니다. 그는 어떤 의미에서 교회의 가르침을 힘껏 비판해야 합니다. 그를 지탱했던 전통적 가르침과 애써 부딪히며 비명을 질러야 합니다. 이는 신앙의 재구성(contextualization)을 해나가는 과정에서 필수적으로 거쳐야 할 단계입니다. 세 친구에게 괴롭힘을 당하지 않고는, 그리고 비명을 지르지 않고는 이 단계를 넘어갈 수 없습니다.

욥은 끝내 신학을 재구성했습니다

새로운 신학이 새로운 신앙을 말하진 않는다

10여 년 전 경주에서의 일입니다. 저는 당시 2박 3일에 걸쳐 신대원 사경회를 참석하고 있었습니다. 당시 저는 신학을 재구성하던 시기에 서 있었습니다. 교회에서의 목회는 저와 어울리는 것 같아 보이지 않았습니다. 틈만 나면 교사들과 다퉜습니다. 나름 신학적으로 중요한 부분을 짚는다고 생각했습니다. 하지만 매번 정확하게 짚었다 싶은 그 날에는 상황이 더욱 안 좋아졌습니다. 더군다나 신대원 사경회를 오기 전에는 부장집사님과 심하게 다툰 시점이었습니다. 응당 사경회 설교가 귀에 들어올 리 없었습니다. 신학적으로도 동의되지 않았고, 심정적으로도 준비되지 않은 상태였습니다. 저녁집회가 끝나고 저는 잔뜩 불만스러운 표정으로 주차장을 배회하고 있었습니다. 아마도 마음 한켠에는 '나의 신학 따위는 이해할 역량조차 없는 교회'를 저주하고 있었던 것 같습니다. 그때 어느 교수님 한 분을 만나게 되었습니다. 그리고 교수님은 저에게 한 권의 책을 소개해주셨습니다. 데일 C. 앨리슨이 쓴 『역사적 그리스도와 신학적 예수』라는 책이었습니다. (물론 그때 당시는 아직 번역이 되지 않은 상태였습니다)

표정에 불만 가득한 저를 붙잡고 교수님은 책 소개를 하기 시작하셨습니다. 그동안 신학사에서는 '신학적 그리스도'와 '역사적 예수' 사이에 오랜 반목이 있었다는 겁니다. 하지만 이는 단순히 학계에서 일어나는 논쟁에 지나지 않습니다. 신학을 공부하는 학생들 또한 신학적 그리스도와 역사적 예수 사이의 반목, 즉 학문과 신앙의 반목을 겪게 된다는 겁니다. 반면 교수님께서 소개한 책은 '신학적 그리스도'와 '역사적 예수'가 말끔하게 구분되지 않는다는 사실을 다루고 있는데, 이처럼 우리에게는 학문과 신앙이 모두 필요하다고 말씀하셨습니다. 신대원에 와서 혼란을 겪는 것은 자연스러운 일이니 신학 현장에서의 학문과 목회 현장에서의 신앙 두 마리의 토끼를 모두 잡을 것을 응원하시고는 길을 떠나셨습니다. 사실 전혀 새로운 말은 아니었습니다. 어렴풋이 알고 있던 말이었습니다. 하지만 그 말을 듣는 동시에 냉랭했던 제 가슴 가운데 뜨거운 불이 타오르기 시작했습니다. 당시 저에게 그 책을 추천했던 교수님은 현재 WCC 중앙위원으로 활동 중이신 배현주 교수님입니다. 학문적으로도 훌륭한 자질을 갖고 있지만 항상 실천을 위해 노력하시는 분입니다. 노동운동, 여성운동, 환경운동 등 전방위적으로 기독교가 할 수 있는 영역에서 목소리를 높이셨습니다. 또한 학교 내에서도 항상 학우들의 눈높이로 시선을 낮추시며 대화를 건네시던 분이었습니다. 어렴풋이 알고 있던 내용이 그동안 겪었던 교수님의 인격과 절묘하게 뒤섞여 저에게 적절한 메시지로 다가왔습니다. 사경회가 끝난 이후 찾아온 주일 오전, 저는 먼저 부장집사님께 다가가 사과의 인사를 건넸습니다. 그동안 학문을 쫓느라 도외시했던 신앙의 중요성을 다시 한번 절감한 순간이었습니다. 먼저 화해하고 용서를 비는 것은 학문이 감당할 수 없었던 신앙만의 고유한 영역이었으니까요.

데일 C. 앨리슨은 역사적 예수 연구 분야에서 대단한 업적을 남긴 학자입니다. 그는 『역사적 그리스도와 신학적 예수』의 서문에서 교회를 오랫동안 다녀온 그리스도인 대다수가 학계의 연구결과를 거의 알지 못하는 현실을 언급합니다. 그와 함께 학계의 연구결과를 접하면서 신앙적 혼란을 느끼고는 신앙의 재구성(contextualization)에 입문하면서 힘겨워하는 한 학생의 편지를 소개합니다. 역사적 예수 연구는 말 그대로 복음서와 기타 사료를 바탕으로 예수를 학문적으로 연구하는 작업입니다. 학문은 나날이 새로운 연구결과를 내어놓습니다. 따라서 새로운 연구결과들은 언제든지 우리의 익숙했던 신앙을 재구성(contextualization)해야 할 것만 같은 파괴력을 품고 있습니다. 그는 지금껏 역사적 예수 연구를 해오면서 발견하게 된 연구결과를 소개합니다. 하지만 또한 그는 그동안 연구해오면서 발견한 역사적 예수 연구의 한계를 함께 언급합니다. 저명한 역사적 예수 연구자의 신앙은 어떤 모습일까요? 우리가 미처 알지 못하는 역사적 예수 연구의 결과물로 말미암아 그의 신앙은 엄청나게 파격적이고 새롭게 재구성(contextualization)되어 있지 않았을까요? 하지만 그는 책 결론부에서 이렇게 자신의 신앙을 고백합니다.

> 예수는 악마의 존재를 믿었던 것으로 보이지만, 그보다 하나님을 훨씬 더 믿었다. (중략) 부활과 '십자가와 무덤'은 균형을 이루지 않는다. 부활이 모든 것을 이긴다.[8]

저명한 역사적 예수 연구자가 평생동안 역사적 예수 연구를 해왔음에도 불구하고 그의 신앙은 우리가 이미 갖고 있던 신앙과 크게 다를 바가 없었습니다. (다만 신약학 박사의 표현인지라 조금 세련되어 보이긴 합니다) 이는 우리가 (이전에는 알지 못했던) 새로운 신학적 지식을 습득한다 하더라도 우리의 신앙 자체는 생각보다 크게 달라지지 않는다는 말이기도 합니다.

세 친구와의 논쟁에서 소득을 얻다

다시 성경의 이야기로 돌아갑시다. 앞서 살펴본 바와 같이 엘리바스는 세 번에 걸쳐 욥과 신학적 논쟁을 주고 받으며 입장이 점점 격렬해졌습니다. 처음에는 단지 욥을 위로하고 그

---

8   데일 C. 앨리슨, 김선용 역, 『역사적 그리스도와 신학적 예수』, 비아, 281.

에게 과거의 영광을 되찾아주려고 했지만, 끝내 하나님의 대적자처럼 오만방자한 말을 내뱉는 욥을 그저 내버려둘 수는 없었습니다. 따라서 엘리바스는 욥의 경건을 완전히 부정했습니다.

"자네가 도덕적으로 문제가 많고
자네의 죄악이 끝이 없기 때문이야"(22:5, 메시지)

하지만 이는 철저히 엘리바스의 입장입니다. 욥의 입장은 또 다릅니다. 욥은 자신이 지금껏 살아왔던 온전하고 정직했고, 여호와를 경외하며 악에서 떠난 삶에 대한 자부심을 여전히 갖고 있습니다. 더군다나 두 번째 파트(3-41장)에서 반복되는 그의 문제제기는 단순히 **'하나님께서 왜 내게 고통을 허락하시는가?'**의 문제가 아닙니다.

두 번째 파트에 등장하는 욥의 입장을 경청하다보면, 그는 감히 인간이 (의인이라고 한들) "하나님 앞에서 의롭다고 주장할 수 없음(9:2)을 이미 알고 있습니다. 또한 욥은 지금이라도 그의 허물 혹은 잘못 때문에 닥친 재앙이라면 하나님의 용서(7:21)를 기다릴 여지도 분명히 있습니다. 하지만 그럼에도 불구하고 그가 납작 엎드려서 하나님께 용서(8:5-6)[9]를 구

---

9 욥기 8장은 빌닷의 첫 번째 충고입니다. 메시지 성경의 번역에 따르면, 빌닷

하지 않는 이유가 있습니다. 고통을 겪은 이후 세상을 찬찬히 살펴보니 "아버지 없는 어린 아이"(24:9)가 노예로 팔려가는 광경이 보입니다. "가난한 사람이 빚을 못 갚는다고"(24:9) 자식을 빼앗기는 광경을 목격합니다. "가난한 사람들"(24:10)은 "올리브로 기름을 짜고, 포도로 포도주를 담그고"(24:11), "곡식단을 지고 나르지만"(24:10) 여전히 굶주림과 목마름에 허덕입니다. 욥이 굳게 믿었던 잠언의 창조질서 신학이 무너졌습니다. 그러자 드디어 현실이 보입니다. 세상에 만연한 부조리의 장면이 드러나기 시작한 것입니다. "성읍 안에서 상처받은 사람들과 죽어 가는 사람들"(24:21)의 울부짖는 간구에 응답하셔야 할 하나님은 묵묵부답입니다. 이런 현실이 가득한 세계 속에서 욥에게 개인의 고통 따위는 고려사항이 아닙니다. 따라서 그의 문제제기는 (진실로 동방의 의인답게) **현재 세상 가운데 창조질서가 정당하게 작동하고 있는지의 문제**[10]

은 "전능하신 하나님 앞에 무릎을 꿇게 자네 말마따나 자네가 결백하고 정직하다면 아직 늦지 않았네. 하나님이 달려오실 걸세"(8:5-6)라고 충고합니다. 이는 유사 고대근동문헌에서 쉽게 찾아볼 수 있는 고통을 겪는 인간의 해결책입니다. 신은 인격적이지 않기에 대화도 통하지 않습니다. 따라서 단순히 납작 엎드려 자비를 구한다면 혹여나 재앙이 사라질 여지가 있을 수도 있습니다. 하지만 욥은 자신이 겪는 문제를 이와 같은 문제와는 전혀 다른 범주로 인식하고 있었습니다. 고대근동문헌에서 욥기와 유사한 문헌에 대해서 자세한 정보를 얻기 위해서라면 안근조, 『지혜 말씀으로 읽는 욥기』를 참조하십시오.

10　해방신학자 구스따보 구띠에레스는 특별히 욥기를 해방신학적 관점으로 읽어냈습니다. 그는 욥이 고통 속에서 불의한 세상을 보았고, 불의한 세상 속에서 가난한 자들을 발견했고, 그들과 연대하게 되었다고 흥미진진하게 풀

입니다. 하나님과 욥 사이를 재판(9:32)할 판결자(9:33)가 없다고 원통해하는 이유는 창조질서의 문제로 생각해 볼 때 그가 승소할 확신이 생겼기 때문입니다. 이제 그의 시선에는 세상이 온통 부조리할 따름입니다. 잠언에 담겨있는 창조질서 신학은 그가 살아가는 세계를 모두 설명해주지 않습니다. 따라서 욥은 (다른 이들의 입장은 생각하지도 못하고) 창조질서 신학을 (재해석하기는커녕) 앵무새처럼 반복하기만 급급했던 세 친구의 논리에 격앙될 수밖에 없었습니다.

하지만 무엇보다 이 상황의 백미는 욥이 세 친구와 논쟁하면서 끝내 세 친구와의 신학적 논쟁을 포기하고, 기도로 자신의 신학적 혼란을 승화하는 장면입니다. 사실 욥은 (잠언의 창조질서 신학을 고수하는) 세 친구의 신앙이 틀렸음을 입증하는 것에는 관심이 없습니다. 단지 지금껏 자신의 신앙세계의 토대였던 창조질서 신학이 산산조각 났기에 비명을 지르고 있을 뿐입니다. (그의 비명이 신학적 논쟁을 촉발하게 된 것이지요) 고통을 겪은 후 그의 세계는 자신이 배워왔던 창조질서 신학을 벗어나 있었습니다. 그의 앞에는 창조질서 신학으로 설명되지 않는 현실이 가득했습니다. 그에게 창조질서 신학은 이제 그 시효가 다했습니다. 하지만 그럼에도 그에게 창조

어갑니다. 자세한 내용은 구스따보 구띠에레스, 『욥에 관하여』를 참조하십시오.

주 하나님에 대한 신앙은 여전히 남아있습니다. 마침내 그는 세 친구와의 무익한 신학적 논쟁에는 뾰족한 답이 없다는 사실을 알게 됩니다. 오히려 창조주 하나님을 향해 기도하기 시작합니다. 그렇습니다, 욥은 단지 그를 둘러싼 상황(context)의 변화에 따라 신앙의 재구성(contextualization)을 모색하고 있는 중입니다. 따라서 욥의 발언은 세 친구의 신학을 향하는 것이 아니라, 창조주 하나님을 향하는 것이 마땅합니다. 욥의 관심사는 세 친구의 신학을 깨트리는 것이 아닙니다. 오히려 이제는 무너져버린 자신의 신학을 대체할 새로운 신학을 재구성(contextualization)하는 일이 절실합니다.

그렇다면 욥이 세 친구와의 논쟁을 통해 기도하게 된 내용은 무엇일까요? 생각보다 단순합니다.

"주의 손을 내게 대지 마시오며 …

주는 내게 대답하옵소서"(13:21-22)

욥의 기도는 (1) **하나님께서 고통을 거둬달라는 것**과, (2) **하나님께서 직접 응답해달라는 것**[11]입니다. 사실상 욥에게 세

---

11   고대근동문헌 중에는 기원전 16세기 경 작성된 것으로 보이는 〈인간과 신과의 대화〉라는 아카드 문헌이 있습니다. 고대 근동 문학 중 가장 오래된 본 작품은 특별히 욥의 기도의 순서대로 (1) 회복이 있은 후에 (2) 말씀이 차례대로 등장합니다. 반면 〈욥기〉에서는 (1) 말씀이 먼저 등장하고 (2) 회복을 경험하게 됩니다. 이는 욥기만의 독특한 메시지를 담고 있는 것으로

친구와의 신학적 논쟁은 쓸모가 없습니다. 그는 하나님의 개입이 아니고서는 신학적 파산에 이른 자신의 현실에서 벗어날 수 없습니다. 그는 세 친구와의 기나긴 논쟁(4–31장)을 끝마치고는 이렇게 말합니다.

"나는 답변서를 작성하고 서명까지 마쳤네.

이제는 전능하신 분께서 대답하실 차례일세!

그분의 기소장을 보고 싶군.

내 답변서는 누구나 볼 수 있네.

그 내용을 종이에 큼지막하게 써서 동네를 돌 생각이거든.

나는 왕자부터 거지까지 모든 사람들에게

내 삶의 행적을 낱낱이 해명할 생각이네"(31:35–37, 메시지)

그의 관심사는 과연 **창조질서 신학은 정당한가**의 여부에 있습니다. 창조주 하나님 앞에서 죄악된 삶을 살지 않았음에도 불구하고 인과응보 법칙을 벗어난 재앙이 닥친 것은 어떤 의미일까요? 세상을 둘러보니 정의가 사라진 온갖 부조리한 현실이 만연한 것 또한 어떤 의미일까요? 하나님은 정녕 이 세계를 창조질서에 근거하여 정당하게 다스리고 있긴 하는

유추해 볼 수 있습니다. 자세한 내용은 안근조, 『지혜 말씀으로 읽는 욥기』를 참조하십시오.

것일까요? 그가 재판에서 다룰 문제는 바로 잠언에 기록된 창조질서 신학의 적실성 여부입니다. 욥은 현재 꽤 많은 사례들을 직접 수집했습니다. 적어도 하나님께서 잠언에 기록된 창조질서 신학에 근거하여 움직이지 않는다는 사실은 입증할 수 있으리라는 확신에 차 있습니다.

참고로 이는 욥이 세 친구와 치열하게 다투면서 얻은 소득입니다. 만약 그가 세 친구와 치열하게 논쟁하지 않았다면, 하나님을 향하지 않았을지도 모르겠습니다. 잠언이 기록하고 있는 창조질서 신학의 어폐를 발견하지 못했을 수도 있습니다. 세상에 만연한 부조리한 현실을 곱씹지 않았을지도 모르겠습니다. 무엇보다도 세 친구와의 치열한 다툼이 없었더라면 그는 하나님을 향해 당당하게 기소하며 자신의 무고함을 주장하진 못했을 것입니다.

재구성에는 꼭 필요한 요소가 있다

욥의 마지막 발언으로 세 친구를 향한 논쟁이 종결되었습니다. 이제는 그토록 욥이 기다려왔던, 또한 독자들이 3장부터 31장까지 이어지는 반복되는 신학적 논쟁을 읽으며 기다려왔던 하나님의 참된 지혜의 말씀이 등장할 차례입니다. 하지만 욥기는 그런 기다림을 비웃는 듯 뒤엎어버립니다. 무려 32장부터 37장까지 하나님 대신에 엘리후가 등장합니다. 엘리후의 발언은 무척 오묘합니다. 엘리후의 발언을 두고 욥은 응답하지 않습니다. 욥기의 본문조차도 그의 발언에 대해 평가를 내리지 않습니다. (참고로 세 친구의 발언은 하나님께서 직접 옳지 못하다(42:7)고 말씀하십니다) 학자들에 따라서는 엘리후의 발언을 하나님의 말씀을 예비하는 (하나님의 말씀과 같은 노선에 있는) 옳은 말의 입장에서 보기도 하고, 하나님의 말씀을 지연시키는 (세 친구의 말과 같은 노선에 있는) 옳지 못한 말의 입장에서 보기도 합니다. 엘리후의 발언은 충분히 다르게 해석될 여지가 있습니다. 다만 분명한 사실이 있습니다. 엘리후의 발언이 적절한 발언이라 한들 그 발언은 하나님의 발언이 아니라는 점입니다. 구약학자 랜토르프는 이를 두고 이렇게 논평합니다. '다음과 같은 점에서 근본적인 차이도 드러난다. 즉, 그것은 지혜교사가 하나님의 창조 능력에 관해서 말하는지 아니면 하나님 자신이 말씀하시는지의 차이이다.'[12] 즉, 욥의 신학적 고뇌는 특정 사람의 조언으로 해결할 수 있는 영역이 아닙니다. 그의 신학적 재구성(contextualization)에 필요한 것은 바로 하나님입니다. 욥이 기도(20:21-22)한 대로 하나님께서 직접 오셔서 욥에게 말씀하셔야만 비로소 해결될 수 있는 문제입니다.

그렇다면 여기서 잠시 생각해봅시다. 욥은 하나님의 말씀

---

12   롤프 랜토르프, 하경택 역, 『구약정경개론』, CLC, 610.

을 기대하고 있습니다. 잠언이 담고 있던 창조질서가 완전히 파괴된 것 같은 현실 속에서, 그는 기존의 창조질서 신학이 시효를 다했다며 힘껏 외치고 있습니다. 욥이 기다렸던 것은 무엇일까요? 잠언의 신학을 대체할 수 있는 새로운 신학을 기대했을까요? 욥이 겪고 있는 고통이 만연한 현실을 고스란히 담아낼 수 있는 새로운 계시를 기다렸던 것일까요? 이는 신앙의 재구성(contextualization)에 있어서 중요한 문제입니다. 다시 김호준 형제의 경우를 생각해봅시다. 그는 현재 청년부의 설교에 만족하지 않습니다. 그렇다면 그가 만족할만한 설교가 있을까요? 그를 만족시킬만한 설교자는 어떤 설교자일까요? 우리의 생애주기 별로 상황(context)이 바뀌고 그에 따른 신앙의 재구성(contextualization)에 있어서 그때마다 새로운 신학이 필요한 걸까요? 만약 그렇다면 우리는 각각의 생애주기마다 그에 걸맞은 교회를 선택해야 할지도 모르겠습니다. 어린이부를 졸업하면 청소년부로, 청소년부를 졸업하면 청년부로 옮기듯이, 우리는 각각 생애주기에 걸맞은 (새로운 신학을 소유한) 설교자 및 교회를 선택해야 할 것입니다. 하지만 앞서 데일 C. 앨리슨의 책을 소개하면서 말씀드렸던 것처럼 새롭게 재구성(contextualization)된 신앙은 생각보다 우리가 이미 갖고 있던 신앙과 크게 다르지 않을 가능성이 높습니다. 다만 그럼에도 분명한 것은 이 시기를 거쳐야 한다는 겁니다.

첫 번째 파트	잠언의 세계가 무너지지만 욥은 여전히 잠언에 기록된 창조질서를 존중함
두 번째 파트	잠언의 세계가 무너지면서 욥은 하나님의 창조세계에 대해 비판하기 시작함
세 번째 파트	욥은 회복되고 다시 잠언에 기록된 창조질서를 존중하게 됨

다시 성경으로 돌아옵시다. 이제 하나님께서 욥에게 하실 말씀을 마주할 차례입니다. 하나님의 말씀이 기록된 욥기 38장부터 41장까지의 말씀은 무척 난해합니다. 왜냐하면 뒤이어 따라오는 욥기의 마지막 세 번째 파트(42장)의 내용 때문입니다. 세 번째 파트(42장)에 들어서면서 욥은 지금껏 제기해왔던 창조질서 신학에 대한 비판을 철회(42:6)합니다. 그리고는 잠언이 말하던 창조질서가 그의 앞에서 다시 정상으로 돌아가기 시작합니다. 마치 두 번째 파트(3-41장)에서 잠깐 창조질서에 문제가 있었던 것 마냥 말입니다. "여호와께서 욥의 말년에 욥에게 처음보다 더 복을 주시니 그가 양 만 사천과 낙타 육천과 소 천 겨리와 암나귀 천을 두었고 또 아들 일곱과 딸 셋을 두었으며 … 그 후에 욥이 백사십 년을 살며 아들과 손자 사 대를 보았고 욥이 늙어 나이가 차서 죽었더라"(42:12-13, 16-17). 잠언에 근거하여 **온전하고 정직했고, 여호와를 경외하며 악에서 떠난 사람** 욥은 이제 세 번째 파트

에 들어서는 그 지위가 다시 회복될뿐더러 그가 가졌던 소유물마저 회복된 겁니다. 잠언의 세계로부터 추방되었던 욥이 다시 잠언의 세계로 돌아왔다는 말처럼 들립니다. 그렇다면 도대체 하나님께서 욥에게 뭐라 말씀(38-41장)하셨길래 욥이 다시 2장의 욥으로 돌아올 수 있었을까요? 38장부터 41장까지의 말씀이 난해한 이유가 바로 여기에 있습니다. 하나님의 말씀에는 별다른 내용이 없는 것처럼 보이기 때문입니다. 도리어 앞서 발언한 엘리후, 하물며 세 친구의 입장과도 같은 노선처럼 보이기도 합니다. 도대체 하나님의 말씀이 어떤 의미를 담아내고 있었기에 욥은 다시 잠언의 세계로 귀환할 수 있었을까요?

말씀하시는 분이 하나님이시다

대다수의 독자들은 욥기를 읽어나가며 세 친구의 매정한 말에 분노합니다. 전혀 예의가 없어 보입니다. 위로하고, 격려하며, 다시 일으켜 세워줄 언어가 절실한 욥에게 철저히 옳고 그름의 언어를 사용하고 있기 때문입니다. 더군다나 먼저 욥이 세 친구를 향해 신학적 논쟁을 제안했다 한들 세 친구만큼은 논쟁적으로 반응하기보다는 일단은 견뎌주고 참아줬어야 마땅하다고 생각합니다. (물론 앞서 이러한 통념은 오해에 가깝다는 사실을 짚었습니다) 그런데 만약 세 친구의 매정한 말에 분노한 독자들이라면 욥기 38장부터 41장에 걸쳐 기록된 하나님의 말씀에도 분노해야 마땅할 것입니다. 여호와 하나님께서 욥에게 쏟으시는 말씀은 결코 위로나 격려의 언어가 아닙니다. 철저히 논쟁의 언어입니다. (그런 의미에서 세 친구와의 논쟁과 하나님과의 논쟁은 연속선상에 있습니다) 하나님의 말씀(38—41장)을 꼼꼼히 살펴보면 이는 마치 폭풍우(38:1)처럼 욥을 집어삼킬 듯이 날카로운 문장들로 구성되어 있습니다. (도대체 욥은 하나님의 어떤 말씀 때문에 다시 잠언의 세계로 돌아갔던 것일까요?)

저는 앞서 10여 년 전 신대원 사경회에서 겪은 이야기를 말씀드렸습니다. 사실 당시 저에게 '학문'과 '신앙'이 두루두루 중요하다며 조언한 분은 왕왕 있었습니다. 하지만 대다수의 조언들은 '학문'적으로 전혀 성과가 없었던 사람들의 조언이었습니다. 학문의 세계는 전혀 모르는 주제에 '학문' 못지않게 '신앙'도 중요하다는 조언은 심정적으로 결코 받아들일 수 없었습니다. 하지만 당시 배현주 교수님께서는 『역사적 그리스도와 신학적 예수』라는 책을 짧게나마 리뷰하면서 저에게 조언을 건네셨습니다. 내용적으로는 별반 다르지 않은 조언이었지만 '학문'과 '신앙'의 일치를 추구하던 분의 조언이었기에, 또한 저명한 신약학자의 작품을 통해 학문적으로 에둘러 던진 조언이었기에, 다른 조언과는 전혀 다르게 다가왔습니다. 뿐만 아니라 당시 소개받은 『역사적 그리스도와 신학적 예수』의 저자 데일 C. 앨리슨의 신앙고백 또한 우리가 흔히 교회에서 익숙하게 들어왔던 신앙고백과 크게 다르지 않습니다. 하지만 역사적 예수 연구에서 저명한 업적을 세운 사람이, 지금껏 직접 걸어온 학문의 여정을 반추하며 건넨 신앙고백이기에 그 무게감은 전혀 다릅니다. 즉, 똑같은 말이라도 화자가 누구냐에 따라서 그 무게감은 전혀 달라집니다.

하나님의 말씀과 세 친구 및 엘리후의 말 사이에는 방법론적 차이가 존재하지 않습니다. 또한 신학적 주장도 크게 다르지 않습니다. 하나님도, 세 친구도, 엘리후도, **창조세계에서 작동하는 창조주 하나님의 창조질서를 옹호**하고 있기 때문입니다. 그럼에도 불구하고 하나님의 말씀이 욥을 다시금 잠언의 세계로 돌아오게 할 수 있었던 이유는 그 말씀의 화자가 바로 하나님이시기 때문입니다. 욥은 하나님께서 자신의 비명에 응답(13:22)하시기를 간구했습니다. 무엇보다도 그는 온 세상과 하나님 앞에서 자신의 삶에는 징벌을 당할 만한 이유가 단 하나도 없음을 맹세하며 하나님께 친히 대답(31:35)을 요구합니다. 즉, 하나님의 말씀은 여전히 (세 친구 및 엘리후의 발언처럼) 매섭고 논리적이며 신학논쟁의 연장선상에 있지만, 하나님께서 말씀하신다는 것 자체가 바로 욥의 비명에 대한 응답이며 궁극적으로는 욥의 비명에 대한 인정 (justification)이었습니다. 따라서 하나님의 말씀에 담긴 복합적 맥락을 읽어내는 것이 중요합니다. 하나님은 (욥의 편에 서서) (1) **욥이 까닭 없이 고통을 당하고 있다는 사실은 인정**하시는 동시에, 그럼에도 불구하고 (세 친구 및 엘리후의 편에 서서) (2) **잠언의 창조질서 신학이 전혀 작동하지 않는다는 비판**은 부당하다고 말씀하십니다.

기존의 신학을 완전히 폐기할 필요는 없다

창조주 하나님께서는 욥의 까닭 없는 고통을 이미 알고 계십니다. 하지만 그럼에도 불구하고 욥이 겪고 있는 실존의 고통 때문에 그가 잠언의 세계 전체를 부정하고 있다는 사실에 대해서는 (신학적으로) 바로 잡기를 원하십니다. 따라서 창조주 하나님께서는 욥을 두고 "무지한 말로 생각을 어둡게 하는 자"(38:2)라고 꾸짖으십니다. 욥이 처음으로 제기한 문제는 창조질서의 정당함이었습니다. 그는 창조세계를 저주하는 것으로부터 시작하여 세 친구와의 논쟁을 거치면서 본격적으로 하나님께 고소장을 던졌습니다. 그가 보기엔 이 세계의 창조질서가 무너진 것만 같다는 겁니다. 창조주 하나님께서 직무유기하는 것만 같다는 겁니다. 고통을 겪은 이후 그의 시선 앞에 펼쳐진 세상에는 부정의(정의롭지 못함)가 가득합니다. 창조주 하나님께 버림받은 것처럼 보이는 사람들의 절규가 들리기 시작합니다. 따라서 욥에게 필요한 것 또한 단순한 위로나 격려의 말들이 아닙니다. 하나님은 분명 욥이 제기한 이 창조질서의 문제에 대해 답하셔야만 합니다. 따라서 하나님은 (마치 세 친구 혹은 엘리후처럼) 욥과의 신학적 논쟁에 뛰어들어 당신의 창조질서를 변증하시기 시작합니다.

창조주 하나님의 논증은 단순합니다. 욥이 관찰하고 있는 세계보다 더 큰 세계가 있다는 겁니다. 욥이 듣고 보고 겪는 세계가 전부가 아니라는 겁니다. 따라서 창조주 하나님께서는 당신의 창조섭리에 대해 차근차근 나열합니다. 땅의 기초를 놓았을 때(4절), 바다와 파도의 경계를 정했을 때(11절), 아침의 경계를 정했을 때(12절)를 욥은 한낱 인간이기에 미처 알지 못하지 않냐고 말씀하십니다. 욥이 모르는 것이 더 있습니다. 홍수와 우레와 번개 길(25절), 별자리(32절), 구름(34절)과 번개(35절) 또한 어떤 이치를 통해 작동하는지 이해할 수 없습니다. 창조주 하나님께서는 욥이 서 있는 이 세계 자체가 하나님의 창조의 결과물임을 다시 한번 주지시키십니다. 우리가 무심결에 살아가는 이 세계가 정상적으로 작동하고 있다는 사실 자체가 하나님의 창조질서가 여전히 작동하고 있음을 증명하고 있습니다.

창조주 하나님의 말씀을 듣고 난 욥의 반응은 어땠을까요? 아마도 욥은 여기까지는 논리적으로 납득할 수 있었을 겁니다. 그는 자기 눈으로 직접 볼 수 있는 인간의 고통에만 한정지어 하나님의 창조질서를 비판했을 따름이니까요. 땅이 존재한다는 것, 땅과 바다의 경계, 밤과 낮의 경계, 그리고 시시각각 변하는 날씨와 계절 등은 여전히 창조질서가 작동하고 있다는 사실을 뒷받침해줍니다. 어쩌면 욥은 자신이 잊고 있었던 창조세계의 신비에 흠뻑 젖어들었을지도 모르겠습니다. (어쩌면 창조주 하나님께서는 실제 창조세계가 작동하는 장엄한 광경을 직접 보여주시면서 말씀하셨을지도 모르겠습니다) 하지만 그럼에도 불구하고 욥에게는 여전히 해결되지 않는 의문이 있습니다. 창조세계 전체의 큰 틀에서 보면 창조질서가 작동된다고 생각할 수 있습니다. 하지만 세상에는 여전히 고통이 존재합니다. 이는 욥이 실제 겪고 목격한 바입니다. 만약 창조주 하나님께서 여전히 살아계신다면 이 세상 가운데 고통은 없어져야 하지 않을까요? 세상에 가득한 부정의는 사라져야 마땅하지 않을까요?

이른바 신정론에 대한 질문입니다. 선하신 창조주 하나님께서 여전히 살아계시다면 왜 이 세상에는 고통과 부정의가 존재할까요? 하나님은 이에 대해 다시 응답하십니다. 38장 후반부를 살펴보면 뜬금없이 동물들의 목록이 등장합니다. 사자(39절)와 까마귀(41절)가 그 주인공입니다. 또한 39장에서도 온갖 동물들이 등장합니다. 산 염소(1절), 사슴(1절), 들나귀(5절), 들소(9절), 타조(13절), 말(19절), 매(26절), 독수리(27절)

까지 등장합니다. 왜 하나님께서는 갑자기 동물들 이야기를 꺼내시는 걸까요? 고대 근동 도상학자 킬(Othmar Keel)은 38장 후반부부터 39장까지 등장하는 10종의 동물은 '혼돈을 상징'한다고 설명합니다.[13] 이어서 등장하는 베헤못(40:15-24)과 리워야단(41:1-34) 또한 마찬가지입니다. 이들 역시 창조세계 가운데 끈질기게(persistence)[14] 남아있는 혼돈과 무질서를 상징하는 존재들입니다. 왜 선하신 창조주께서 만드신 창조세계에는 혼돈과 무질서가 존재하는 것일까요? 모릅니다. 이유는 알 수 없습니다. 다만 분명한 것은 창조주 하나님께서 이와 같은 혼돈과 무질서를 적절한 범위 안에서 통제하고 있

---

13 창조주 하나님의 말씀 속에서 갑자기 등장하는 동물들의 이야기가 어떤 의미를 띠고 있는지는 분명하지 않습니다. 다만 고대 근동 도상학 연구에서 뛰어난 업적을 남긴 킬(Othmar Keel)은 고대 수메르에서부터 헬레니즘까지의 이미지를 연구한 끝에 욥기에 등장하는 10종의 동물들이 신적인 존재처럼 묘사되어 있다는 사실을 발견합니다. 따라서 그는 이 동물들을 '자연스러운' 동물들이 아닌 '혼돈을 상징하는 상징동물'들로 여깁니다. 특별히 고대세계에서의 신 혹은 왕은 혼돈을 야기하는 이와 같은 동물들을 제압하는 존재여야 했음을 주장합니다. 자세한 내용은 만프레드 외밍, 콘라드 슈미트, 『욥의 길』을 참조하십시오.

14 일반적으로 우리는 신정론을 논할 때에 하나님의 전능성과 하나님의 선하심을 두고 철학적으로 논증을 펼치는 경우가 많습니다. 하지만 이는 철학적으로 풀기 어려운 문제입니다. 선하시고 전능하신 하나님께서 이 세상을 지으셨다면 세상에 혼돈과 무질서 따위는 존재하지 않을 테니까요. 따라서 논리적으로만 보면 하나님은 전능하시지 않거나, 혹은 선하지 않다고 여기는 것이 당연한 귀결일지도 모르겠습니다. 하지만 성경은 전혀 다른 논증을 이어갑니다. 성경의 창조 이야기를 살펴보면 여전히 끈질기게(persistence) 남겨진 악에 대한 여지가 있다는 겁니다. 특별히 유대교 성서학자 존 D. 레벤슨이 이에 대해서 잘 풀어내고 있습니다. 자세한 내용은 존 D. 레벤슨, 『하나님의 창조와 악의 잔존』을 참조하십시오.

음을 욥에게 말씀하셨다는 사실입니다.

욥은 드디어 하나님의 말씀을 들었습니다. 그리곤 잠언의 세계로 다시 돌아갈 명분을 얻게 되었습니다.

확신이 무너지고 신뢰를 찾아가다

다시 욥이 제기했던 신학적 질문을 떠올려봅니다. 그의 눈 앞에는 창조질서 신학이 시효가 다한 것처럼 보이기 시작했 습니다. 자신을 지금껏 지탱해왔던 신앙의 토대가 무너진 것 입니다. 따라서 그는 창조질서 신학의 시효가 다했다고 힘 껏 울부짖었습니다. 이에 대해 하나님께서 하신 말씀을 다시 정리해봅시다. (욥의 비판처럼) 분명 혼돈과 무질서는 (끈질기 게) 남겨져있습니다. 하지만 그와 무관하게 창조세계는 정상 적으로 작동하고 있습니다. 땅과 바다의 경계, 밤과 낮의 경 계, 시시각각 변하는 날씨와 계절의 경계가 무너지지 않았습 니다. 그렇다면 혼돈과 무질서가 세상에 존재한다는 이유만 으로 창조질서 신학을 폐기해야 한다고 주장하는 것이 억측 은 아닐까요? 오히려 창조주 하나님께서 혼돈과 무질서를 적 절하게 통제하며 창조질서에 근거해 창조세계를 다스리고 계 시다는 증거가 아닐까요? 욥은 하나님의 말씀에 충분히 납 득했을까요? 분명 명쾌한 답변까지는 아니었을 것 같습니다. 하지만 욥은 여전히 이해되지 않음에도 불구하고 창조주 하나님의 정의를 신뢰할 명분을 얻었습니다. 자신이 경험한 부정의한 현실보다 더 크신 창조주 하나님의 창조질서를 신뢰해보기로 한 것 같습니다.

"그러므로 내가 했던 모든 (말과 생각들을) 포기합니다. (비록) 티끌과 재 가운데 있지만 나는 위로를 얻습니다"(욥 42:6)[15]

욥이 세 친구와 치열하게 논쟁을 벌인 까닭은 무엇이었나요? 친구의 신학보다 더 나은 신학을 주장하고 싶어서 논쟁을 펼친 것이 아니었습니다. 그는 단지 지금껏 자신의 삶을 지탱해오던 잠언에 기록된 창조질서 신학 자체가 무너지면서 비명을 지른 것에 불과했습니다. 하나님은 욥의 비명에 담긴 진의를 간파하셨습니다. 따라서 창조주 하나님께서는 욥에게 세상 가운데 여전히 작동하고 있는 '창조질서'에 대해 특강을 풀어놓으신 것입니다. 이는 하나님께서 욥을 위해 특별히 마련한 시간이었습니다.[16] 따라서 욥은 이 특강을 듣고 위로를

---

15 욥기 42장 6절을 두고 구약박사 김성진 교수가 직접 번역한 내용입니다. 왜 회개(נחם)라는 단어를 위로로 번역했는지에 대해서는 김성진, 『하나님의 위로, 욥기』를 참조하십시오.

16 의도적으로 저는 하나님의 말씀에 담긴 신학적 논쟁의 맥락을 중점으로 추적해왔습니다. 분명 38장부터 41장까지는 신학적 논쟁의 연장선상에 있기 때문입니다. 하지만 하나님의 말씀 곳곳에서 욥을 향한 따스한 배려와 위로의 메시지를 읽을 수도 있습니다. 자세한 내용은 에릭 오틀런드, 『NSBT 욥기 성경신학』을 참조하십시오.

받았습니다. "무지한 말로 생각을 어둡게 하는 자"(38:2)라는 하나님의 꾸짖음을 겸허히 받아들이게 됩니다.

"무지한 말로 이치를 가리는 자가 누구니이까 나는 깨닫지도 못한 일을 말하였고 스스로 알 수도 없고 헤아리기도 어려운 일을 말하였나이다"(42:3)

그리고는 문자적으로 고정된 잠언의 창조질서 너머에 살아계신 하나님을 대면하였음을 고백하게 됩니다.

"내가 주께 대하여 귀로 듣기만 하였사오나 이제는 눈으로 주를 뵈옵나이다"(42:5)

구약학자 피터 엔즈의 『확신의 죄』라는 책이 있습니다. 그는 대다수의 그리스도인들은 하나님 그분을 신뢰하기보다는, **하나님에 대한 올바른 생각**을 확신하고자 하는 경향이 짙다고 말합니다. 인간 특유의 우상숭배 본능이라는 겁니다. 따라서 (저자도 마찬가지인데) 대다수의 그리스도인들은 하나님에 대한 '올바른 생각'을 짜 맞춰놓고 그것만을 붙들면 충분하다고 생각합니다. 하물며 하나님 또한 우리가 확신하고 있는 '올바른 생각' 안에서 움직여야 한다며 고집하기도 합니다. 이어서 저자는 자신의 신앙적 '확신'이 무너졌던 나날을 회고합니다. 확신이 무너지는 경험을 통해 도리어 '우리 삶에 끊임없이 줄지어 지나가는 신비와 불확실성을 정상적 신앙의 일부로 포용하고, 좀 더 깊이 신뢰할 수 있는 기회'[17]를 얻게 되었다고 고백합니다. '올바른 생각'에 대한 '확신'에서, '창조주 하나님'에 대한 '신뢰'로 나아가게 된 것입니다. 이는 피터 엔즈의 이야기만이 아닙니다. 바로 욥의 이야기며, 김호준 형제의 이야기입니다.

사실 우리의 신앙적 토대는 그리 탄탄하지 않습니다. 스스로 점검하고 따져 묻고 차근차근 쌓아올리지 않았습니다. 단순히 반복된 교회생활 속에서 시나브로 형성된 것에 가깝습니다. 그리고 특별한 계기가 없다면 알게 모르게 누적된 이 신앙체계가 우리의 삶을 굳건히 지탱하는 역할을 합니다. 두 번에 걸친 극심한 재앙 속에서도 여전히 삶을 굳건히 지탱했던 욥의 인내는 바로 시나브로 형성된 신앙세계의 결과물 덕분입니다. 하지만 간혹 인생에 들이닥치는 재앙은 우리 삶에 깊이 뿌리내리지(contextualization) 못한 그 신학을 흔들어놓습니다. 시나브로 형성된 신학에는 융통성이 없습니다. 자신이 경험하지 못했던 범주의 사건을 해석할 능력이 없습니다. 따라서 재앙은 우리의 신앙 전체를 무너트리는 것처럼 느껴

---

17   피터 엔즈, 이지혜 역, 『확신의 죄』, 비아토르(전자책), 331, 377.

집니다. 욥의 비명은 재앙을 향한 비명이며, 창조질서가 작동하지 않는 것만 같은 현실에 대한 비명이기도 했지만, 뿌리내리지(contextualization) 못했던 자신의 신앙에 대한 절망이 담겨있는 비명이기도 했습니다. 김호준 형제가 교회 내에서 공개적으로 설교 및 가르침에 불만을 표출하기 시작했던 이유 또한 크게 다르지 않습니다. 어제까지만 하더라도 자신의 세계를 설명해왔고, 자신이 나아가야 할 방향을 알려주었던 그 가르침이 파산한 것만 같았을 겁니다. 자신의 신앙체계가 설명할 수 없는 사건 앞에서 김호준 형제가 할 수 있는 일은 많지 않았습니다. 단지 절규를 내지르는 것 외에는 말입니다. 김호준 형제가 남긴 청년부 공동체를 향한 불평 섞인 말들은 사실 자신의 신앙세계에 대한 불평이었을 겁니다. 온 세상을 다 설명할 수 있을 것만 같았던 자신의 신학적 지식이 한낱 자신 앞에 마주한 현실조차도 해석할 수 없게 되었으니 말입니다.

다시 돌아왔지만 완전히 달라졌다

기나긴 절규와 방황 끝에 욥은 자신이 떠나왔던 잠언의 세계로 다시 귀환하게 됩니다. 세 번째 파트(42장)에서는 다시 잠언의 질서가 정상적으로 작동합니다. 욥이 받았던 복과 지위는 다시 고스란히 회복됩니다. 하물며 그의 소유물은 이전에 비해 무려 두 배가 됩니다. 하지만 그렇다고 해서 첫 번째 파트(1-2장)에 등장했던 욥과 세 번째 파트(42장)에서 귀환한 욥이 같은 인물이라고 생각하는 것은 바람직하지 않습니다. 일련의 사건과 함께 기나긴 시간(3-41장) 속에서 새롭게 뿌리내린(contextualization) 신앙은 더 이상 "귀로 듣기만" 하던 신앙이 아니라 "눈으로" 직접 경험한 신앙이기 때문입니다.[18] 바로 이는 지금 현재 교회를 향해 온갖 불평을 쏟아내고 있는 김호준 형제가 앞으로 걸어가게 될 여정에 대한 이야기이기도 합니다. 그의 방황이 언제까지 지속될지는 알 수 없습니다. 그가 내뱉는 불만 섞인 말들 때문에 생겨난 (세 친구들과의) 다툼 또한 언제까지 이어질지 도저히 알 수 없습니다. 다만 분명한 것은 이제 김호준 형제가 시나브로 쌓아올린 신앙체계의 시효가 다했다는 점이며, 그는 이제 "귀로 듣기만" 했던 신앙을 넘어서 "눈으로" 직접 경험한 신앙을 향한 기나긴 여정의 초입부에 들어섰다는 점입니다. 그는 이제 하나님에 관한 '올바른 생각'에 대한 확신을 넘어 하나님 그분을 향한 '올바른 신뢰'를 찾아나서게 될 것입니다.

---

18 성공회대학교에서 신약을 전공한 여정훈은 〈복음과 상황〉에 기고된 글을 통해 360도 회심에 대해 말한 적이 있습니다. 익숙했던 신앙을 의심했던 과정을 넘어서, 원래 익숙했던 언어로 돌아오는 여정을 두고 360도 회심이라 이름 붙인 것이지요. 분명 욥의 신앙은 이전과 유사합니다. 하지만 결코 이전과는 같지 않습니다. 여정훈의 자세한 내용은 https://www.goscon.co.kr/news/articleView.html?idxno=30628을 참조하십시오.

올바른 종착지인 42장에 도착하기까지는 아직 갈 길이 많이 남았습니다. 3장에서 31장에 이르는 기나긴 다툼을 겪어야만 할 것입니다. 무엇보다도 다툼을 겪으면서 가장 고통스러운 사람은 김호준 형제겠지요. 하지만 김호준 형제 또한 (마치 욥처럼) 주변의 친구들과 논쟁을 벌이는 것이 능사는 아니란 사실도 조금씩 알게 될 것입니다. 그의 불평 섞인 말들은 이제 하나님을 향한 기도로 승화되게 될 것입니다. 그리고 끝내 32장에서 37장까지 말하지 않고 남의 틀린 말을 들어야만 하는 시간을 거쳐서, 결국 38장에서 41장까지에 이르는 창조주 하나님과의 대면하는 시간도 갖게 될 것입니다. 기나긴 여정입니다. 그러니 단지 그에게 건투를 빌어주십시오. 그리고 무엇보다도 이 기나긴 여정은 김호준 형제만 걷는 여정이 아니라, 언제든지 어느 누구라도 걸을 수 있는 여정임을 기억하는 것이 중요합니다.

나가는 말 : 우리 모두에게는 문제가 없을 수도 있다

교회 안에서 일어나는 다양한 다툼 중의 하나는 바로 한 그리스도인 개인이 교회의 공적인 가르침에 반발하면서 생겨나는 다툼입니다. 만약 그 지체가 (마치 김호준 형제처럼) 교회 안에서 신뢰받고 인정받았던 지체라면 그만큼 다툼의 파장은 커질 것입니다. 이는 김호준 형제의 문제가 아닙니다. 그렇다고 김호준 형제에게 잘못된 것을 가르치고 있는 해당 교회의 문제도 아닙니다. 오히려 교회가 존재하는 한, 우리의 인생이 지속되는 한, 계속해서 반복하게 될 교회 자체의 특성입니다. 왜냐하면 교회 안에는 다양한 맥락(context)을 가진 각양각색의 사람들이 존재하기 때문입니다. 이제 갓 유아세례를 받은 아이도 교회의 식구지만, 병상에 누워 하나님 얼굴을 뵐 날만 기다리는 어르신도 교회의 식구입니다. 교회는 태생적으로 그리스도 안에서 유대인과 헬라인, 남성과 여성, 종과 자유인이 모인 다양성 높은 집단이었습니다. 따라서 우리 모두가 공유할 수 있는 공통의 맥락(context) 따위는 (그리스도 외에는) 없습니다. 각자의 맥락(context)이 서로 다릅니다. 이는 결국 교회에서 선포되는 공적인 가르침 자체에 한계가 있다는 말과도 같습니다. 아무리 훌륭한 설교자라 한들 자신이 겪지 않은 인생의 고민과 그에 뿌리내린 신앙에 대해서는 온전히 알기 어렵습니다. 설교가 설교자 개인의 구체적 맥락(context)에 특수하게 뿌리내린(contextualization) 이해의 범주를 넘어서기란 여간 어려운 일이 아닙니다. 따라서 (아무리 좋은 설교라 할지라도) 누군가에게는 교회의 설교가 다소 거슬릴 수 있습니다. 내가 위치한 맥락과 전혀 다른 뜬구름 잡는 소리처럼 들릴 때가 분명 있습니다. 따라서 어제까지만 해도 나에게 들리던 설교가 오늘부터 들리지 않는다면, 그 이유가 설교자 혹은 각 개인에게 문제가 있기 때문만은 아닐 수도 있다는 것입니다.

저는 고등학교 2학년 시절부터 교회에 다니게 되면서 기독교에 대해서는 거의 모르는 상태에서 신앙을 시작했습니다. 하지만 그 누구보다도 열정적이었던 탓에 정말 빠르게 기독교 신앙을 배워나갔습니다. 제가 20대 초중반이었던 시절에는 한국교회 전체에 은사주의 열풍이 불었습니다. 성령과 부흥이 그 시대를 관통하던 키워드였습니다. 따라서 저는 성령과 은사를 경험하기 위해 애를 썼습니다. 당시의 저의 맥락에서 적절했던 교회는 은사주의 교회였습니다. 따라서 은사주의 교회에서 열리는 예배와 집회에 참석해서 저에게 꼭 맞는 설교를 소비했습니다. 이후 20대가 저물던 시절에는 저를 둘러싼 상황(context)이 완전히 바뀌어 있었습니다. 지나치게 반지성주의적으로 흐르는 성령과 은사 중심의 기독교에 대한 문제의식이 생겨났습니다. 이후로 저는 학문적으로 성경과 기독교를 연구하는 것이야말로 저의 신앙을 풍성하게 만들 것이라 생각했습니다. 그리고 한동안은 다소 학문적인 신학 서적만을 읽으며 세월을 보냈습니다. 저는 모교회의 가르침이 부족하다고 생각했습니다. 소속된 선교단체의 가르침 역시 부족하다고 생각했습니다. 새롭게 정착하게 된 교회의 가르침도 부족하다고 생각했습니다. 저는 만년 떠돌이처럼 살았습니다. 그리고 2-3년은 가나안 성도로 시간을 보내기도 했습니다. 돌이켜보면 저는 기나긴 여정 동안 하나님을 명료하게 이해할 수 있는 '올바른 생각', 즉 바른 신학체계를 찾아 헤맸던 것 같습니다. 그리고 오랜 세월 방황 끝에 저는 비로소 다양한 맥락과 신학체계를 넘어서서 존재하시는 하나님을 조금씩 배워가기 시작했습니다. 그렇게 저는 하나님을 신뢰하는 여정을 그분의 인도하심에 따라 천천히 걸어왔습니다.

이번 챕터에서 저는 욥의 이야기를 천천히 따라가면서 욥 속에서 (온 열방 각처의 교회 안에서 가르침의 문제로 다툼을 야기하고 있는) 김호준 형제를 읽어내려고 시도했습니다. 이는 김호준 형제를 좀 더 이해하는 시도인 동시에 교회 자체를 이해하는 시도였습니다. 교회의 여타 다른 지체들은 김호준 형제를 이해해야 할 필요가 있습니다. 시나브로 습득한 그만의 신앙체계가 시효를 다했다며 외치는 김호준 형제의 비명의 본의를 이해할 필요가 있습니다. 김호준 형제만 유별나서 겪는 방황이 아니라, 신앙을 진지하게 받아들이는 모든 그리스도인들이 겪을 수 있는 (파고는 각자 다르겠지만) 신앙적 방황이라는 사실을 함께 이해할 필요가 있습니다. 모든 그리스도인들이 겪을 수 있는 방황이라면 교회의 여타 다른 지체들은 그를 응원하는 것이 마땅하겠습니다. 그는 결국 털고 일어나서 기나긴 여정을 통해 끝내는 하나님을 신뢰하게 될테니까요. 김호준 형제 또한 자신이 겪는 일이 지극히 개인적인 신앙경험이라는 사실을 이해할 필요가 있습니다. 나에게 시효를 다한 신앙체계라고 한들 남에게까지 쓸모없는 것은 아닙니다. 또한 그의 비명으로 말미암아 주변의 다른 (세 친구와 같은) 형제들이 고통을 받는다는 사실 또한 인지하면 좋겠습니다. (세 친구는 욥과 논쟁하기 전만 해도 멋진 신앙을 가진 멀쩡한 인물이었습니다) 덧붙여 교회는 다양한 사람들이 모여있는 공동체이며 설교자 또한 한 개인에 불과하다는 사실을 인정할 필요가 있습니다. 만약 그에게 꼭 맞는 신앙적 배움을 찾아나서야만 한다고 믿는다면 그의 방황은 결코 끝나지 않을 것입니다.

그리고 교회의 지체들이 김호준 형제를, 김호준 형제가 교회의 지체들을 조금이나마 이해할 수 있다면 우리는 서로를 향해 조금의 거리를 둘 수 있을 것입니다. 이는 단번에 해결해야 할 성급한 문제가 아닙니다. It's not your fault! (다시 한번 말하지만) 교회에도 문제가 없고, 교회의 다른 지체들에게도 문제가 없으며, 더더욱 김호준 형제에게도 문제가 없습니다. 어쩌면 이는 우리가 반복적으로 겪는 교회 안의 일상입니다. 교회가 존재하는 한, 우리의 인생이 지속되는 한, 계속

해서 반복하게 될 문제라면 성급한 해결책을 찾는 것은 좋지 않습니다. 다만 각자가 해야 할 일에 집중하는 것이 서로에게 더욱 유익하겠지요. 교회의 지체들은 약간의 거리를 두고 김호준 형제를 이해하고 응원하는 일에, 김호준 형제는 다시금 하나님을 신뢰하는 여정을 걷는 일에 서로가 매진하는 것이 바람직합니다. 끝내 우리의 종착지는 결코 다르지 않을 테니까요.

더하는 말 : Keyword - '신앙의 여정'

종교개혁 이후 개신교는 이성을 기반으로 한 신앙의 형성을 장려해왔습니다. 덕분에 개신교 목사의 정체성은 교사에 가까우며, 개신교 회중들 대다수는 교회출석의 방점을 '설교'에 맞추는 경향이 짙습니다. 대다수의 교회가 담임목사를 청빙하는 과정에서도 유심히 보는 자질 중의 하나는 '설교'이며, 마찬가지로 개신교 교회에 출석하는 대다수가 교회출석을 보류하거나 혹은 수평이동을 고민하는 이유 또한 '설교'인 경우가 많습니다. 그런데 '설교'가 좋다는 것은 어떤 의미일까요? '설교'가 마음에 들지 않는다는 것 또한 어떤 의미일까요? 설교자는 흔히 말하는 일타강사와 같은 것일까요? 쉽게 설명하고 개념을 잘 정리해주고, 기독교와 성경에 관련된 지식을 잘 가르쳐주면 그것으로 충분할까요? 첫 번째 챕터에서는 두 번째 혹은 세 번째 챕터와는 달리 '신앙의 여정'을 겪어가면서 일어나는 '다툼'에 대해 집중적으로 다뤄봤습니다. (참고로 이후에 다루는 다툼의 경우들은 대다수 '개인의 신앙'과는 무관한 경우가 많습니다) 이는 실제로 제가 겪은 바이기도 하거니와, 온라인에서 알게 된 (신앙의 고민을 안고 있는) 2030 청년들에게서 공통적으로 발견하는 바이기도 합니다.

대다수 평범한 교회에서 신앙을 교육하는 방식은 크게 두 가지입니다. 먼저는 '교회학교'입니다. 일반적으로 '교회학교'에서는 주입식 신앙교육이 반복됩니다. 성경이 무엇을 말하고 있는지 혹은 기독교 교리 및 신조가 무엇을 말하고 있는지를 반복해서 학습합니다. 반복학습이기에 신앙교육이 뿌리를 내리고 열매를 맺는 경우는 드뭅니다. 하지만 이를 보완하는 교육방법이 있습니다. 바로 '수련회'입니다. 수련회에서의 강렬한 영적체험은 교회에서 배워왔던 단순한 반복학습에 생명을 불어넣습니다. 영적체험을 하게 된 청소년들 대다수는 교회의 신앙교육에 다시 집중하게 됩니다. 이처럼 '교회학교'와 '수련회'는 신앙교육의 사이클을 이루고 있습니다. 그래서일까요? 교회에서 듣고 배운 것이 신앙의 전부라고 생각하거나, 신앙이 결국에는 영적체험에 의해 좌우된다고 생각하는 경우가 많습니다. 그래서 신앙이 힘을 잃었다고 생각될 때면 기도원, 부흥회, 수련회 혹은 뜨거운 집회를 찾아다니곤 합니다.

하지만 교회에서 반복해서 배우는 가르침을 뜨겁게 받아들이느냐 혹은 냉랭하게 받아들이느냐 정도로 우리의 신앙을 판단하는 것은 바람직하지 않습니다. 정작 우리 신앙의 진정한 무대는 '일상'이기 때문입니다. 신앙은 곧 실제 일상 속에서의 나의 선택과 삶이 무엇을 지향하느냐의 문제로 이어집니다. 이는 어른이 되어가면서 뼈저리게 느낄 수 있습니다. 취업을 준비하는 기로에서 어떤 선택을 하느냐의 문제, 취업을 한 이후 승진심사를 앞두고 어떻게 처신해야 되느냐의 문제, 결혼을 준비하면서 어떤 가치관을 가져야 되느냐의 문제, 실제 삶을 살아가면서 부동산을 비롯한 주식, 적금과 관련된 재테크의 문제 등에서 바로 신앙이 요구됩니다. 따라서 일상 속에서 신앙을 진지하게 고민하는 이들은 영적체험을 찾아 헤매기보다는 분별력을 두고 고민하게 됩니다. 교회학교에서 배운 것을 애써 기억하기보다는 지혜를 궁구하게 됩니다. 이와 같은 고민은 대부분 취직을 고민하는 시기에 겪습니다. 학생으로 살 때만 하더라도 대다수의 문제는 설교를 통해 배운 내용으로 해결되었습니다. 기도하고 성경을 읽고, 남들이 하는 커닝 혹은 술자리를 하지 않고, 주변의 어려운 학우들을 돕는 따스한 사람이 되는 것으로 충분했습니다. 하지만 이제는 절실히 필요한 분별력과 지혜가 설교로 충족되지 않는 경우가 생기기 시작합니다. 이로 인해 신앙적 방황과 함께 교회적 방황이 시작되는 경우도 많아집니다. 기존의 교회 설교자 혹은 교회 지체들과 불화를 겪는 경우가 많습니다. 지금껏 명료했던 신앙의 방향등이 더 이상 작동하지 않게 되기 때문입니다.

사실 지금껏 '신앙'을 몰랐던 것에 가깝겠지요. '신앙'과 관련된 지식들은 천천히 습득해왔지만, 실제 일상 속에서 '신앙'을 기반으로 분별력 있는 판단과 지혜로운 선택을 어떻게 해야 할지에 대해서는 한 번도 연습해오지 않았던 것이지요. 이제 앞으로는 실제 '일상' 속에서 무수히 부딪히면서 배워야 할 것입니다. 그런데 문제는 이와 같은 험난한 여정의 시작과 동시에 몸담고 있는 공동체와의 불화가 시작되는 경우가 의외로 빈번하게 일어난다는 점입니다. 이는 선교단체 혹은 교회 내 청년부에서 흔하게 발견되는 갈등의 양상입니다. 지금껏 신앙적이라고 스스로 생각해왔으며, 다른 이들 또한 지금껏 신앙적이라고 여겨왔던 지체가 갑자기 기존 공동체와 불화하다니 당혹스러운 일입니다. 이때 기존 공동체는 급속도로 냉랭해진 지체에게 '신앙을 잃었다'거나 혹은 '영적체험이 필요하다' 정도의 판단을 내리는 경우가 많습니다. 첫 번째 챕터에서 묘사한 김호준 형제가 꼭 그런 모습입니다. 사실 그는 진지한 '신앙의 여정'의 도입부에 들어섰지만, 기존의 교회는 그를 전혀 이해하지 못하고 있습니다.

그 이유는 바로 '신앙'이 가진 독특한 특성 때문입니다. 대다수의 학원 혹은 학교는 어떤 과목을 가르치고, 그것을 열심히 배워 그 과정을 수료하는 사람을 전문가로 만듭니다. 하지만 '신앙'은 다릅니다. 교회는 무수히 반복적으로 가르치지만 어떤 이들은 전혀 배우지 못하는 경우가 있고, 또한 전혀 가르치지 않았음에도 어느새 배워버린 이들 또한 있습니다. 말 그대로 "먼저 된 자로서 나중 되고 나중 된 자로서 먼저 될 자가"(마 19:30) 생겨나는 경우가 빈번합니다. 따라서 교회 공동체는 다소 무질서한 측면이 있습니다. 오래 가르쳐도 아직 배우지 못한 자가 있으며, 가르친 것 같지도 않은데 이미 배운 자가 공존합니다. 그런 의미에서 교회가 (설교자의) '가르침'에만 매몰되는 것은 바람직하지 않습니다. 분명 교회가 (혹은 설교자가) 가르친다 한들 배울 수 없는 영역이 존재하기 때문입니다. 따라서 기존 교회의 가르침과 무관하게 (반발하거나 혹은 비판하면서) '가르침'을 얻는 지체들도 분명 존재합니다. (아마 성령께서 가르치셨겠지요) 이는 '신앙의 여정'이 가진 독특성 때문입니다. 따라서 교회는 (그리고 설교자는) 성령께 대하여 열려 있는 것이 마땅합니다. 교회의 가르침 바깥에서 배우고 성장할 수 있을 가능성을 언제나 열어둘 수 있어야 합니다. 뿐만 아니라 그들이 겪게 될 방황과 고뇌를 통해서도 배우고 성장할 수 있음을 인정할 수 있어야 합니다. 따라서 그런 이들을 위해서라면 기도하고 지지하는 것이 마땅하겠지요. (물론 이단의 가르침에 매혹되는 것에 대해서는 적절히 제지할 수 있어야겠습니다)

어거스틴은 '보이지 않는 교회'와 '보이는 교회'를 구분했습니다. 이는 결국 우리 눈에 '보이는 교회'가 천상과 땅을 가로지르는 '보이지 않는 교회'에 종속된다는 의미입니다. 마찬가지입니다. 각각 그리스도인의 신앙 성장은 '눈에 보이는 교회'에만 달려있지 않습니다. 오히려 '눈에 보이지 않는' 성령에 의해 무수한 방황을 거치면서 신앙의 결실을 맺는 경우도 다분합니다. 따라서 교회라면 '눈에 보이지 않는' 성령의 운행하심을 신뢰할 수 있어야 합니다. 그래야 비로소 김호준 형제와 같은 이들, 특별히 '보이는 교회' 바깥을 맴돌면서도 여전히 신앙을 고민하는 지체들에게 문을 열어둘 수 있을 것입니다. 그들 또한 (욥처럼, 김호준 형제처럼) 곧 보이는 교회로 귀환하게 될 우리의 형제자매니까요.

chapter 2

리더십이
교회답지 않아!

박세직(53)

#자수성가로_성공한_사업가
#부모님과_아내의_눈치보며_나오다가
_최근_교회를_열심히_다닌다
#자신의_리더십_달란트가_교회에_사용되길_바란다
#하지만_목사님이_너무_답답하다
#목사님만_리더십을_발휘하면_우리교회에는
_미래가_있다고_생각중

"목사님, 이 교회의 책임자가 누굽니까?

목사님 아닙니까?

지금 같은 위기의 시기에 누구보다도

기민하고 지혜롭게 움직이셔야 합니다.

목사님의 리더십에 교회의 흥망성쇠가 달려있습니다.

하나님께서 목사님에게 주신 권한을

잘 활용하시면 좋겠습니다!"

목사님, 저 박세직 집사입니다.

아시다시피 저는 밑바닥에서 시작하여 오늘에 이르기까지 열과 성을 바쳐 제 사업을 일궈냈습니다. 사업을 성공시키기 위해 밤낮없이 공부했고, 인사관리를 철저히 했고, 경쟁업체와 시장분석에도 소홀함이 없었습니다. 무엇보다 회사 조직을 강력하게 장악하고 이끌어서 지금의 여기까지 온 사람입니다.

목회도 사업과 크게 다르지 않으리라 믿습니다. 목사님께서 현재의 세태와 성도들에 대해 치밀하게 분석하시고, 이를 바탕으로 조금 더 과감하게 밀어붙일 필요가 있다고 생각합니다. 옆 동네의 K교회는 지난번 A지역에서 B지역으로 교회건물을 이전한 이후로 교회가 더욱 부흥하더군요. 교외로 나가면 만날 수 있는 H교회는 담임목사님의 카리스마로 제자훈련을 강하게 시키는데 거기도 여전히 사람이 넘쳐납니다. 다들 교회가 어렵다고 하지만 담임목사님의 리더십이 탁월한 교회들은 결코 그렇지 않습니다. 저희 사업도 그렇거든요. 아무리 힘들다 하더라도 역량 있는 리더는 결국 위기를 기회로 전환합니다.

요즘 우리 교회가 어렵다고 하더군요. 성도들의 숫자와 헌금이 점점 줄어들고 있다는 말을 들었습니다. 이럴 때일수록 저는 목사님께서 리더십을 발휘할 수 있기를 기도하고 있습니다. 이런 말씀드리기 참 송구합니다만, 우리 교회는 질서가 무너진 것만 같습니다. 매번 중요한 의사결정의 순간마다 시기가 늦어지고, 의사결정 이후에도 교인들에 의해 후폭풍을 겪을 때가 많습니다. 만약 회사가 그렇게 경영되고 있었더라면 진작에 부도가 났을 겁니다.

목사님. 결국 리더십 리스크입니다. 좀 더 마음을 강하게 먹고 교회를 이끌어주십시오. 몇몇 사람들에게 휘둘리지 마시고 교회의 미래를 위한 결정은 더욱 과감하게 내려주십시오. 어차피 결과가 좋으면 반대의견을 비롯한 잡음은 사라질 것입니다. 목사님과 교회를 위해 기도하겠습니다.

**교회를 위해서라도 강력한 리더십이 필요하다고 생각하는
박세직 집사가 드립니다**

들어가는 말 : 교회의 흥망성쇠는 목사에게 달렸다?

지난 반세기 동안 대한민국 사회는 급격한 성장을 이뤄왔습니다. 국권 침탈 및 6·25 전쟁 이후 완전히 망가진 나라였던 대한민국은 국민들의 근면성실함에 기반한 노력, 그리고 그에 따른 세계화의 흐름과 절묘하게 맞물려 개발도상국을 건너 선진국에 진입하게 되었습니다. 대한민국의 성장은 곧 한국교회의 성장과 결부되어 있습니다. 1960년대 말만 하더라도 도시인구는 총 인구 대비 20%에 불과했습니다. 하지만 1980년대 초가 되자 도시인구는 총 인구대비 80%에 이르게 됩니다.[1] 그만큼 대한민국 사회의 구성원들은 기껏해야 15년도 채 지나지 않은 시점에 재빨리 도시환경에 적응해야 했습니다. 그때 당시 이들의 정체성과 삶의 혼란을 곁에서 돌본 독보적인 공간이 바로 교회였습니다. 이처럼 오늘날 다수의 대형교회의 등장은 한국 사회의 발전과 맞물려있습니다. 달리 말하면 교회가 가지고 있는 내적인 요인에 의해서 교회가 커진 것이 아니라, 교회를 둘러싼 사회 주변 환경의 변화에 따라 교회가 성장했다는 말이기도 합니다.

이는 각각의 지역교회를 미시적으로 들여다볼 때도 크게

---

1   이병선, 〈한국교회 성장둔화의 사회적 요인 분석—1990~2000년을 중심으로〉, 326.

다르지 않습니다. 각 지역교회가 갖고 있는 신학적 특성 및 복음의 명료함에 의해 교회가 성장하고 부흥한 사례는 생각보다 찾아보기 힘듭니다. 오히려 대다수의 지역교회들의 부흥은 곧 외부환경의 변화와 그에 걸맞은 기민한 의사결정에 기인합니다. 주변의 지역이 재개발되면서 새로운 인구가 유입되었다던가, 시의적절한 장소에 교회부지를 매입하고 건축을 했다던가, 혹은 (전도폭발 혹은 두날개양육시스템 등과 같은) 특정 교회성장프로그램을 도입하는 사업적 결단에 의해 교회가 성장하는 경우가 대다수입니다. 그런 측면에서 교회의 흥망성쇠는 기업의 흥망성쇠와 크게 다르지 않습니다. 그래서일까요? '교회성장운동'에서 주장하는 교회성장의 원칙 중의 하나는 동질집단원리(Homogeneous Unit Principle)[2]입니다. 말 그대로 같은 문화와 정체성을 공유하고 있는 기존 사회망을 집중적으로 공략하는 방법을 통해 복음전도의 효율을 높여서 교회가 더욱 성장할 수 있다는 것입니다.

교회가 취해야 할 목적이 (복음전파와 복음화라는 구호로 채색된) 정말 교회 성장인 것일까요? (실제 많은 그리스도인들이 무의

---

2 인도 선교사 출신 도날드 맥가브란에 의해 창안된 〈교회성장학〉의 주된 관심사는 사실 미전도종족 전도와 세계선교에 있었습니다. 따라서 그들이 주장하는 바를 폄하하는 것은 마땅치 않습니다. 다만 분명한 것은 후일 이와 같은 교회성장학이 실용주의와 결탁하며 지역교회를 성장시키는 방법으로 악용되었다는 점입니다. 원래의 정신과 의미가 퇴색되었다고 볼 수 있겠습니다. 자세한 내용은 이상훈, 『리뉴처치』의 '교회성장운동' 파트를 참조하십시오.

식적으로 이렇게 생각하고 있는 것 같습니다) 그렇다면 설교와 목양에 특화된 목사가 교회의 운영을 맡는 것보다는, 전략기획 및 경영에 특화된 사업가가 교회 운영을 맡는 것이 더 효율적이지 않을까요? 실제 오늘날 한국교회의 어른이라고 할 수 있는 대다수의 1세대 목사님의 정체성은 말 그대로 '목사'였습니다. 설교를 잘하는 사람, 기도를 많이 하는 사람, 희생어린 삶을 가시적으로 보여준 사람으로 기억됩니다. 하지만 어느덧 규모가 제법 커지고 난 이후 오늘날 교회에서 청빙되는 대다수 담임목사의 정체성은 '경영인'에 가깝습니다. 마치 CEO처럼 높은 학력을 요구받습니다. 또한 더 규모 있고 세련된 교회에서의 사역경력을 요구받습니다. 또한 훨씬 규모가 큰 대형교회에서는 이미 중형교회에서 목회를 잘 감당하고 있는 담임목사를 청빙하는 것도 이제는 전혀 놀랍지 않은 현실이 되어버렸습니다. 마치 회사의 CEO처럼, 프로축구팀의 감독처럼, 오늘날 목사는 전문경영인의 취급을 받고 있습니다.

하지만 기껏해야 목사입니다. 해외에서 박사학위를 받았다 하더라도 신학입니다. 경영학을 전공한 실제 경영인과는 비교가 안됩니다. 규모 있고 세련된 교회에서 사역 경력이 있었다 한들 기껏해야 교회입니다. 훨씬 경쟁이 심한 재계에서 치열하게 살아온 실제 경영인들과는 비교가 안됩니다. 그래서일까요? 박세직 집사님의 눈에는 담임목사님의 목회가 썩 마음에 들지 않습니다. 설교는 잘하는 것 같습니다. 가끔 감동과 도전을 받습니다. 기도도 잘하고 계신 것 같습니다. 작년 어머니께서 입원하셨을 때 심방을 오셔서 간절히 기도하던 그 모습은 여전히 감사할 따름입니다. 또한 각 성도들의 형편을 살피고 관심을 기울이는 모습도 잘 하고 계신 것 같습니다. 하지만 그렇다고 해서 교회가 성장할 수 있나요? 분명 설교를 잘하시는 편이긴 하지만 설교 하나만으로 교회를 성장시키기에는 부족한 것 같습니다. 심방과 기도 또한 열심히 하고 계시지만 그렇다고 해서 교회가 성장하지는 않습니다. 교회가 성장하지 않는다는 것이 교회가 침체되어 있다는 말은 아닐까요? 예수님께서 남기신 지상명령에 순종하지 못하고 있다는 방증은 아닐까요? 따라서 박세직 집사님께서 보기에 담임목사님은 좀 더 경영을 잘해야 할 필요가 있습니다. 경영까지 잘 해낼 수 있다면 지금과 같은 위기의 시기에도 교회는 더욱 성장하며 예수님의 지상명령에 부응할 여지가 분명히 있을 겁니다.

하지만 박세직 집사님은 답답할 따름입니다. 지난 주에는 교회 식당 봉사자들 사이에 다툼이 일어났다고 합니다. 점심식사 메뉴를 소고기무국으로 결정하고 모였는데, 각자 의견이 달랐던 것입니다. 어떤 이들은 요즘 같은 장마철에 매콤하고 시원한 경상도식 소고기무국이 제격이라며 고춧가루를 풀자고 했습니다. 반면 어떤 이들은 매운 것을 먹지 못하는 아이들을 배려해야 한다며 고춧가루를 풀지 않은 담백한 소고기무국을 끓이자고 말했습니다. 그 일로 A권사와 B권사가 서로 마음이 상했다는 겁니다. 그리고 그 일 때문에 주일 오후예배가 끝나자마자 A권사에게, B권사에게 각각 달려가는 교역자들의 모습을 보았습니다. 그냥 담임목사님께서 지시를 내리시면 깔끔한 문제 아니었을까요? 주일식사의 모든 권한은 A권사 혹은 B권사가 갖고 있다고 정해줬으면 이런 일은 결코 일어나지 않았을 겁니다. 그런데 담임목사님은 매사에 이런 식입니다. 박세직 집사님은 유능하고 성공한 사업가입니다. 시의적절하게 과감한 판단을 내리면서 지금껏 맨땅에 헤딩하는 방식으로 오늘날의 자리에 앉게 된 입지전적인 인물입니다. 그래서일까요? 만약 담임목사님이 자신의 사업 파트너라고 생각하면 무척 답답할 것 같습니다. 매번 의사결정이 지연되고 적절한 판단을 내리지 못해 결국 다툼이 발생한 이후에 교인들을 달래느라 모든 시간과 에너지를 소요하는 것 같으니까요.

박세직 집사님이 생각하기에 무릇 담임목사라면 때로는 과감한 의사결정을 내릴 수 있어야 합니다. 대중의 의견을 존중하는 것도 필요하지만 대중보다 반 발자국 앞서는 선구

안도 필요합니다. 또한 대중과 맞서서 싸움을 각오하는 정신이 필요할 때도 있습니다. 무엇보다 교회의 구성원들을 최대한 동일집단으로 묶어낼 필요가 있습니다. 의사결정에 참여한 구성원들이 다양할수록 의사결정은 지연되기 마련이며 의사결정 이후에도 잡음은 커지기 마련입니다. 결이 맞지 않는 구성원들은 과감하게 정리할 필요가 있습니다. 마치 구조조정처럼 말입니다. 만약 교회라서 구조조정이 힘들다면 강도 높은 신앙교육 및 제자훈련으로 강하게 재교육할 필요가 있습니다. 교회가 함께 추구해야 할 목표에 대해 명료하게 말하고, 열정적으로 몰아붙일 필요가 있습니다. (그래야 비로소 교회가 성장하고 부흥할 수 있지 않을까요? 예수님의 지상명령에 부응할 수 있지 않을까요?) 하지만 현 교회는 그렇지 않습니다. 너무도 다양한 사람들이 모여 있습니다. 그러니 의사결정도 지연되고 그 이후에 늘 갈등도 따라옵니다. 무엇보다도 담임목사님께서 이에 대한 문제의식이 없습니다. 담임목사님께서 스스로가 최종 책임자라는 의식을 좀 더 가져야 하는 것은 아닐까요? 무엇보다도 현 교회의 간판은 자기 자신이고, 결국 교회의 흥망성쇠 또한 자신의 책임이라는 의식을 가져야 하지 않을까요? 박세직 집사님은 교회를 생각할 때마다 우유부단한 담임목사님이 매번 걱정입니다.

이신칭의의 새로운 맥락을 살펴봅시다

교회 안에는 주도권 다툼이 만연하다

교회는 의사결정을 할 때마다 서로 다툽니다. 교회 안에는 각양각색의 사람이 있기 때문입니다. 따라서 다툼은 당연한지도 모르겠습니다. 이를 간단하게 해결하는 방법은 무엇일까요? 바로 카리스마 있는 리더십을 발휘하는 것입니다. 모든 구성원들이 리더만 바라보게 만드는 것입니다. 이는 목회자들의 내면 가운데 자주 생겨나는 흔한 욕망입니다. 교회 내부 구성원들 사이에 자주 발생하는 갈등 때문입니다. 목회자가 카리스마로 확 휘어잡을 수 있다면 얼마나 좋을까요? (어쩌면 담임목사님조차도 박세직 집사님의 비판처럼 본인 또한 강력한 리더십을 발휘하고 싶지 않았을까요?) 교회가 A냐 B냐로 힘껏 다투고 있을 때에 목회자가 카리스마 있게 C를 제시한 뒤 "나를 따르라!"며 회중을 끌고 간다면, 그리고 그에 대한 책임은 자신이 모두 짊어지겠다며 모든 일에 앞장서서 나선다면, 교회 내의 잠재적 갈등은 생각보다 쉽게 해결되지 않을까요? 그렇습니다. 다양한 구성원들 중에서 한 명 혹은 한 부류의 무리가 권력을 독점한다면 생각보다 갈등은 쉽게 무마됩니다.

즉, 이는 교회 내의 다양한 갈등이 발생하는 이유가 결국 '권력', 즉 주도권을 쥐고자 하는 다툼이라는 말과도 같습니다. 만약 한 교회 안에 하나의 동일한 집단만 있다면 갈등은 일어나지 않을 것입니다. 동일한 집단이 있다는 것은 이미 질서가 정비된 상태를 의미할 테니까요. 하지만 무수히 다양한 집단이 공존하고 있다면 집단들 사이에 주도권을 쥐고자 하는 경쟁은 끝없이 지속됩니다. 이는 실제 젊은 교역자가 기존 교회사역에 투입될 때 대부분 겪는 일이기도 합니다. 기존 교회학교의 교사진들은 젊은 교역자에게 쉽게 권력을 넘겨주지 않습니다. 특별히 교사들 사이의 주도권 경쟁이 끝나지 않았다면 더더욱 쉽지 않습니다. 그럴 때 보통 교역자가 꺼내는 카드는 무엇일까요? 네, 바로 경건이라는 카드입니다. 얼마나 자주 심방을 하는지, 얼마나 자주 성경을 읽고 기도를 하는지, 얼마나 자주 말씀을 묵상하는지 교사들의 경건을 점검한다는 의도로 주도권을 잡아가려 시도할 때가 많습니다. ("계속 주도권을 안 주려고 하는데 … 너네 그렇게 잘 났냐?"와 크게 다르지 않습니다) 이는 사실 현대교회만의 이야기는 아닙니다. 초기 기독교 공동체 가운데서도 왕왕 있었던 이야기입니다. 무엇보다도 갈라디아서, 로마서에서 발견할 수 있는 '이신칭의'의 메시지를 둘러싼 맥락이 꼭 그러합니다. **교회 안의 집단과 집단 사이의 주도권 다툼의 문제**에 대한 바울의 신학적 해법이 바로 이신칭의이기 때문입니다.

혹자는 깜짝 놀랄지도 모르겠습니다. 어떻게 이신칭의가

교회 안의 주도권 다툼에 대한 메시지냐고 말입니다. 이신칭의는 구원에 관한 메시지가 아니냐고 놀랄지도 모르겠습니다. 꽤 오랫동안 이신칭의를 **구원에 관한 메시지**로 해석해 온 이유는 마르틴 루터로 대표되는 종교개혁의 영향입니다. 마르틴 루터 당시의 중세 가톨릭은 **'보속'을 통한 그리스도인의 선행**을 강조했습니다. 선행을 통해 하나님과 올바른 관계를 맺음으로 구원을 받을 수 있을 것처럼 가르친 것입니다. 만약 선행을 행하지 못한다면 어떻게 될까요? 선행을 실천하지 못하는 죄인에게 진노하시는 하나님의 의가 미칠 것이라 생각했습니다. 하지만 마르틴 루터는 (성경을 연구하다가) 전혀 다른 새로운 하나님의 의(롬 3:22)를 발견합니다. 이는 선행을 실천하지 못하는 죄인에게 진노하시는 하나님의 의가 아니었습니다. 오히려 선행을 실천하지 못하는 죄인에게 구원을 베푸시는 하나님의 의였습니다. 따라서 마르틴 루터는 1세기 당시 유대교를 선행을 통해 구원받는 '행위의 종교'로 간주했습니다. 반면 복음은 (당시 1세기 유대교와는 달리) 예수 그리스도를 믿음으로 구원받을 수 있다고 선포했습니다. 마르틴 루터가 보기에 기독교는 '행위의 종교'인 유대교와는 다릅니다. 기독교는 '믿음의 종교'입니다.[3] 마르틴 루터의 견해를 따르는 전통적 입장은 단순합니다. '인간의 죄성이 율법을 무효로 만

---

3   자세한 내용은 스탠리 E. 포터의 『바울 서신 연구』를 참조하십시오.

든다[4]는 겁니다. 인간은 율법의 가르침을 따라 선행을 실천하면 구원을 받을 수 있습니다. 하지만 인간은 애초부터 죄에 사로잡혀 있는 존재입니다. 율법의 가르침을 따라 선행을 온전히 실천하는 것이 불가능합니다. 유대교가 가르치는 '율법의 행위'로는 결코 구원에 이를 수 없다는 겁니다. 마르틴 루터에게 중세 가톨릭은 곧 갈라디아서 및 로마서에 등장하는 1세기 유대교와 다를 바가 없었습니다. 그들은 죄에 사로잡혀 있어서 선행을 행할 능력이 없는 인간에게 선행을 통해 구원을 얻을 것을 가르쳤기 때문입니다. 따라서 마르틴 루터의 종교개혁은 '이신칭의'의 메시지로 시작되었습니다. 우리 인간은 하나님 앞에서 선행을 통하여는 구원을 받을 수 없으나, 예수 그리스도를 믿음으로 이제 구원에 이를 수 있다는 겁니다.

(고해성사 및 보속을 통한) 행함을 강조하는 중세 가톨릭	VS	은혜를 발견한 마르틴 루터

지금껏 '이신칭의'를 해석해 온 맥락

---

4 자세한 내용은 브루스 W. 롱네커의 『바울:그의 생애, 서신, 신학』 12장을 참조하십시오.

하지만 이와 같은 전통적인 이신칭의 이해는 1977년 E. P. 샌더스의 『바울과 팔레스타인 유대교』의 출간과 함께 의문부호가 따라붙기 시작했습니다. E. P. 샌더스와 그의 입장을 지지하는 소위 '바울에 관한 새 관점' 입장에 서 있는 학자들 대부분은 마르틴 루터의 바울 이해에 동의하지 않았습니다. 특별히 마르틴 루터가 재구성한 (당대 중세교회의 모습과 닮은) 1세기 유대교의 모습에는 결코 동의할 수 없었습니다. 왜냐하면 그들이 1세기 유대교의 문헌을 조사해본 결과 '율법을 실천하여 구원을 얻는다'는 행위구원의 면모를 발견할 수 없었기 때문입니다.[5] 따라서 그들은 바울서신 자체를 꼼꼼하게 파고들기 시작했습니다. 이신칭의의 맥락을 더욱 꼼꼼하게 재구성하기 시작한 것입니다. 오늘날 바울에 대한 옛 관점과 새 관점의 논쟁은 바로 여기에서 발생합니다. 옛 관점을 지지하는 대다수의 사람들은 기본적으로 마르틴 루터의 바울 이해에 기초하여 '이신칭의'의 가르침을 '우리가 어떻게 구원받을 수 있는가?'라는 구원론의 입장에서 해석합니다. 반면 새 관점을 지지하는 대다수의 사람들은 기본적으로 바울서신에 등장하는 '이신칭의'의 가르침을 1세기 그리스도교의

---

5   물론 존 M. G. 바클레이는 1세기 유대교의 문헌을 꼼꼼히 살펴보면 행위구원을 말하는 단락 또한 존재하고 있음을 밝히며 논증합니다. 자세한 내용은 그의 책 『바울과 선물』을 참조하십시오.

맥락에서 역사적으로 재구성하려 애를 씁니다.[6]

바울이 '율법의 행위'와 '예수 그리스도를 믿음'을 대조하는 이신칭의의 메시지는 갈라디아서와 로마서에 등장합니다.[7]

> "사람이 의롭게 되는 것은 **율법의 행위**로 말미암음이 아니요 오직 **예수 그리스도를 믿음**으로 말미암는 줄 알므로 우리도 그리스도 예수를 믿나니 이는 우리가 **율법의 행위**로써가 아니고 **그리스도를 믿음**으로써 의롭다 함을 얻으려 함이라 율법의 행위로써는 의롭다 함을 얻을 육체가 없느니라"(갈 2:16)

> "그러므로 **율법의 행위**로 그의 앞에 의롭다 하심을 얻을 육체가 없나니 율법으로는 죄를 깨달음이니라 이제는 율법 외에 하나님의 한 의가 나타났으니 율법과 선지자들에게 증거를 받은 것이라 곧 **예수 그리스도를 믿음**으로 말미암아 모든 믿는 자에게 미치는 하나님의 의니 차별이 없느니라"(롬 3:20-22)

따라서 우리는 이신칭의가 위치하는 맥락을 더 면밀히 살

---

6 물론 최근에는 옛 관점과 새 관점의 주장이 예전만큼 격렬하게 대립하지는 않습니다. 대다수의 학자들은 각각 상대진영의 적절한 이의제기를 수용하며 나선형으로 수렴되어 가는 중에 있습니다. 물론 여전히 입장차이는 있지만 말입니다.

7 물론 에베소서(2:1-13) 및 빌립보서(3:5-14)에서도 이와 유사한 본문이 등장합니다만 갈라디아서와 로마서처럼 '율법의 행위'와 '예수 그리스도를 믿음'을 대조하지는 않습니다.

피기 위해 차근차근 갈라디아서와 로마서를 살펴보고자 합니다.[8]

갈라디아서 : 유대인들이 주도권을 잡으려고 하다

갈라디아서는 바울이 쓴 서신 중에 유독 거친 편지입니다.[9] 이는 이례적입니다. 갈라디아교회에서 어떤 문제가 일어났던 것일까요? 당시 갈라디아교회는 이방인 중심으로 형성된 교회였습니다. 그들은 율법에 대해서 잘 알지 못했습니다. 유대인이 행하던 할례 혹은 유대인들이 준수하던 절기와 종교예식에 대해서 잘 알지 못했습니다. 바울은 복음을 전하면서 갈라디아교회에 있는 이방인들의 맥락을 충분히 숙고하여 복음을 전했던 것 같습니다. 굳이 율법을 가르치지 않았습니

---

8   갈라디아서의 경우에는 갈라디아교회의 위치에 따라서 연대를 두고 다소간 논쟁이 있습니다. 갈라디아교회가 첫 번째 선교여행때 방문한 갈라디아 남부 지역에 세워진 교회일 수도 있고, 혹은 성경이 언급하지 않는 갈라디아인이 주로 거주했던 갈라디아 북부 지역에 세워진 교회일 수도 있기 때문입니다. 각각 입장에 따라서 48년에서 57년으로 추정하기도 합니다. 반면 로마서의 경우에는 대다수의 학자들이 대략 55년에서 59년 사이로 추정합니다. 따라서 갈라디아서가 로마서보다 연대적으로 앞섭니다. 뿐만 아니라 갈라디아서와 로마서에 등장하는 이신칭의 논의를 비교하더라도 갈라디아서의 논의가 상대적으로 덜 발전된 것처럼 보이는 측면이 있습니다. 따라서 갈라디아서에서 시작하여 로마서를 향하여 맥락을 살피는 것이 마땅합니다.

9   "바울이 갈라디아교회에 편지를 쓰고 있는 일반적인 정황은 서신 자체에서 매우 명확하게 드러난다. 갈라디아교회에 일반적인 감사하기를 회피하고 … 그리스도의 복음을 변하게 하는 어떤 사람들을 심한 말로 맹렬히 비난하는 말로 시작한다." 더글라스 무, 『BECNT:갈라디아서』, 부흥과개혁사, 41.

다. 할례를 요구하지도 않고 유대인 고유의 절기와 종교예식을 가르치지도 않았습니다. 복음의 핵심인 예수 그리스도만을 가르쳤습니다. 하지만 거짓교사들은 당시 갈라디아교회를 방문하여 바울이 가르친 복음과는 "다른 복음"(1:8)을 가르쳤습니다. 그들은 갈라디아교회의 이방인들 또한 유대인들처럼 "날과 달과 절기와 해를 삼가"(4:10) 지켜야 한다고 가르쳤습니다. 할례(5:2) 또한 요구했습니다. 도대체 거짓교사들이 가르친 것은 무엇이었을까요? **갈라디아교회에 있던 이방인들에게 유대인이 될 것을**[10] (완전히 유대인이 되거나 혹은 적정 수준까지는 유대인이 될 필요가 있다고) 요구했던 것입니다.

따라서 갈라디아서 2장 16절에 등장하는 이신칭의 또한 이런 배경 하에서 해석하는 것이 옳습니다. 갈라디아교회의 이방인들에게 거짓교사들이 요구했던 것은 율법의 행위(ἔργων νόμου)입니다. 반면 바울이 갈라디아교회의 이방인들에게 가르쳤던 것은 예수 그리스도의 믿음(πίστεως Χριστου)[11]입니다.

---

10 "구약이 아브라함의 씨 혹은 자녀에 속하고 싶은 자들은 누구든지 할례 받기를 요구하며 또한 모세의 율법에 제시된 삶의 방식에 헌신할 것을 요구하고 있다고 주장하여 구속사의 연속성을 강조했다." 더글라스 무, 『BECNT:갈라디아서』, 부흥과개혁사, 42.

11 πίστεως Χριστου는 "그리스도를 믿음"으로도 번역될 수 있지만 "그리스도의 믿음"으로도 번역될 수 있습니다. ἔργων νόμου 또한 마찬가지입니다. "(우리가) 율법을 행함"으로도 번역될 수 있지만 "율법이 (우리에게) 행하는 것"으로도 번역될 수 있습니다. 이는 학계의 논쟁입니다. 즉, 목적격적 속격으로 읽느냐, 주격적 속격으로 읽느냐의 문제입니다. 참고로 저는 그리스도의 믿음과 율법의 행위 모두 주격적 속격으로 읽었습니다. 이와 관련된 논쟁

"사람이 의롭게 되는 것은 율법의 행위(ἔργων νόμου)로 말미암음이 아니요 오직 예수 그리스도의 믿음(πίστεως Χριστοῦ)으로 말미암는 줄 알므로 우리도 그리스도 예수를 믿나니 이는 우리가 율법의 행위로써가 아니고 그리스도를 믿음으로써 의롭다 함을 얻으려 함이라 율법의 행위로써는 의롭다 함을 얻을 육체가 없느니라"(갈 2:16)

앞서 말한 마르틴 루터의 이신칭의 전통에 서 있는 주석가 대다수는 율법의 행위(ἔργων νόμου)에서 방점은 행함(ἔργων)에 있다고 여깁니다.[12] 즉, 거짓교사들은 갈라디아 교인들에게 선한 행위를 실천할 것을 가르쳤다는 겁니다. 하지만 지금까지 설명한 갈라디아서의 상황적 맥락에 비추어 상상해보자면 다소 생뚱맞습니다. 갈라디아교회의 이방인들에게 유대인이 될 것을 가르쳤던 거짓교사들이 대뜸 선한 행위를 요구한다는 것은 이치에 맞지도 않습니다. (유대인이 되는 것과 선한 행실을 사는 것이 특별한 상관관계가 있다고 생각했다면 또 모르겠습니다) 만약 거짓교사들이 진짜 선한 행위를 권면했다면 오히려 바울이 칭찬하지 않았을까요?[13] 진짜 제대로 사랑하고,

---

에 대한 개관은 송광근, 『바울서신의 피스티스 크리스투 연구』, 한들출판사(2005)를 참조하세요.

12   더글라스 무, 『BECNT:갈라디아서』, 부흥과개혁사, 217.

13   "만약 성도들이 율법을 행하려고 노력했다면, 그래서 부모를 공경하고 가

용서하고, 하나님의 말씀을 따를 것을 가르치는 이들을 바울이 '거짓교사'라 말하며 질책할 필요가 없을 겁니다. 따라서 최근의 많은 주석가들은 율법의 행위(ἔργων νόμου)에서 핵심은 율법(νόμου)이라 여깁니다.[14] 거짓교사들은 '율법' 자체가 중요하다고 가르친 것입니다. 그들의 주장에 따르면 율법 바깥에 있는 사람들은 결코 구원을 받지 못합니다. 지금이라도 (바울의 가르침에만 머물지 말고) 얼른 율법 안으로 들어오라는 것입니다. 따라서 바울이 거짓교사들의 가르침에 분노하는 것은 당연했습니다.

"보라 나 바울은 너희에게 말하노니 너희가 만일 할례를 받으면 그리스도께서 너희에게 아무 유익이 없으리라 내가 할례를 받는 각 사람에게 다시 증언하노니 그는 율법 전체를 행할 의무를 가진 자라 율법 안에서 의롭다 함을 얻으려 하는 너희는 그리스도에게서 끊어지고 은혜에서 떨어진 자로다"(5:2-4)

정에 충실하고 거짓말을 삼가고 이웃을 사랑하려 애를 썼다면 바울은 성도들의 순종에 감격했어야 마땅하다." 권연경, 『위선』, IVP, 243.

14   더글라스 무, 『BECNT:갈라디아서』, 부흥과개혁사, 217.

종교개혁 당시의 이해   최근의 이해

율법의 행위(ἔργων νόμου)의 핵심이 율법(νόμου)이라면, 예수 그리스도의 믿음(πίστεως Χριστου)의 핵심 또한 그리스도(Χριστου)라고 이해하는 것이 마땅합니다. 바로 여기서 거짓교사들과 바울의 논점이 명확하게 드러납니다. 거짓교사들은 갈라디아 교인들에게 '율법' 안으로(5:4) 들어올 것을 요구합니다. 하나님 앞에서 의롭다 하심을 받기 위해라면 **'율법' 안으로 들어와야 안전하다**는 겁니다. (이방인들의 경우에는 율법 바깥에 있다는 겁니다) 반면 바울은 **'그리스도' 안에(2:4, 2:17, 3:14, 3:26, 3:28, 5:6) 있는 것으로 충분하다**고 말합니다. 바울은 이를 갈라디아서 3장에서 더욱 명료하게 풀어나갑니다. 우리가 장래에 의롭다 하심을 받는 보증금인 '성령' 받은 사건을 확인해보자는 것입니다. (성령은 곧 구원의 보증금과 같습니다) 바울은 성령을 받았던 때를 상기시키면서 예수 그리스도의 구원이 어디서 기원했는지를 묻습니다. 율법에서 기원한 것도 아니며, (할례 받은) 육체에서 기원한 것도 아닙니다. 바로 성령을 받았을 그때부터 (여전히 유대인이 아니었음에도) 그들

가운데 하나님의 구원이 시작되었다는 사실을 기억하자고 권면합니다.

"내가 너희에게서 다만 이것을 알려 하노니 너희가 성령을 받은 것이 율법의 행위로냐 혹은 듣고 믿음으로냐 너희가 이같이 어리석으냐 성령으로 시작하였다가 이제는 육체로 마치겠느냐"(3:2-3)

따라서 바울은 **'율법' 안으로 굳이 들어가지 않더라도**, 이미 '그리스도' 안에 있는 것만으로 충분하다고 주장합니다. 여기서 잠깐 우리가 숙고해봐야 할 것이 있습니다. 거짓교사들은 왜 애써 '율법'을 가르쳤을까요? 바울이 세운 교회에 들어와서 '율법'을 가르친 저의는 무엇일까요? 흥미롭게도 신약학자 김창락은 교회 안에 구체적으로 존재하는 인간과 인간 사이에 발생하는 소외, 차별, 억압을 해소하는 교회론의 맥락에서[15] 갈라디아서를 읽어야 한다고 제안합니다. 상상력을 발휘해서 당시 갈라디아교회의 상황을 재구성해봅시다. 거짓교사들은 이방인 중심의 갈라디아교회에 몰래 숨어들었습니

---

15 "하나님의 구원행위는 하나님과 인간 실존 사이의 무역사적인 순수한 종교적 차원의 진공상태에서 일어난 일이 아니라 … 인간과 인간 사이의 수평적 관계에서 발생한 소외, 차별, 억압 등의 불의에 희생당하는 사람을 구출하는 데서 재현된다." 김창락, 『대한기독교서회 100주년 창립 기념 성서주석:갈라디아서』, 대한기독교서회, 230-231.

다. 그리고는 갈라디아 교우들에게 율법, 할례, 유대인이 지키는 음식법이나 절기에 대해서 가르치기 시작했습니다. 또한 유대인의 메시아이신 예수 그리스도를 따르기 위해서라면 유대인이 될 필요가 있다고 설득하기 시작했습니다. 하지만 갈라디아 교인들은 아무리 유대 문화를 받아들여봤자 2류 유대인, 3류 유대인에 불과할 따름입니다. 따라서 거짓교사들의 가르침은 단순한 신학적인 문제 혹은 교리적인 문제를 교정하려는 것이 아닙니다. **교회 안에 (유대인과 이방인 사이에) 계급을 만들고 차별을 조장하는 일**이었습니다. 즉, 갈라디아교회 안에 일어난 사건 또한 일종의 세력과 세력 간 주도권 다툼의 일환이었습니다. 즉, 거짓교사들은 갈라디아교회 안에 침투하여 **교회의 주도권이 (아브라함의 혈통인) 유대인에게 있다**는 사실을 이방인 그리스도인을 상대로 시위했던 것과 다름없었습니다.

유대인 그리스도인	이방인 그리스도인

갈라디아서 : 율법(음식법, 할례, 절기 및 안식일)으로 상호 간의 장벽을 세우려 하다.

로마서 : 이방인들이 이미 주도권을 잡았다

갈라디아서는 이방인 그리스도인과 유대인 그리스도인들 사이의 주도권 다툼의 배경 하에서 기록되었습니다. 마찬가지로 로마서도 크게 다르지 않습니다. 『거꾸로 읽는 로마서』에서 신약학자 스캇 맥나이트는 로마서를 읽으면서 우리가 고려해야 할 '문맥상 가장 의미 있는 요소'[16]는 (로마서 14장 1절부터 15장 13절에 나오는) 강한 자와 약한 자의 정체라고 말합니다. 로마서는 강한 자와 약한 자 사이에 일어난 갈등에 대해서 다루고 있기 때문에, 로마서 전체를 이해하려면 강한 자와 약한 자의 갈등이 무엇인지부터 이해해야 한다는 것입니다. 그렇다면 강한 자("믿음이 강한 우리", 15:1)와 약한 자("믿음이 연약한 자", 14:1)는 누구일까요? 더 명확하게 대상을 알기 위해 (동일한 갈등을 다루고 있는) 고린도전서 8장[17]을 참조할 필요가 있습니다. 고린도전서에서는 약한 자에 대해 매우 명확하게 말하고 있습니다. "믿음이 약한 자들"(고전 8:9)은 "우상에게 바친 제물"(고전 8:1)을 먹는 일에 지식이 없는 사람들입니다. 그렇다면 강한 자는 누구인가요? 아쉽게도 로마서 및

---

16 스캇 맥나이트, 정동현 역, 『거꾸로 읽는 로마서』, 비아토르(전자책), 55, 501.

17 "로마서가 고린도전서와 거의 비슷한 시기에 기록되기도 했지만, 더 중요한 것은 로마서가 고린도 혹은 고린도의 항구도시인 겐그리아에서 기록되었다는 것이다. 이 사실로 미루어볼 때, '강한'과 '약한'이라는 형용사가 로마서와 고린도전서에서 완전히 의미가 다를 가능성은 매우 희박하다." 스캇 맥나이트, 정동현 역, 『거꾸로 읽는 로마서』, 비아토르(전자책), 61, 501.

고린도전서가 명확하게 말하고 있지는 않습니다. 다만 약한 자와 대척점에 있다고 생각한다면 강한 자는 우상에게 바친 제물을 먹는 일에 대한 지식을 보유했기에, 우상의 제물을 먹는 일에 크게 개의치 않았을 것입니다. 로마서 14장 또한 '모든 것을 먹을만한 믿음'(14:2)에 대해 이야기하는데 이 또한 강한 자를 묘사한 문장으로 이해할 수 있습니다. 반면 동일한 본문에 등장하는 (아마도 우상에게 바쳐진 고기는 먹지 않고) '채소만 먹는'(14:2) 사람들은 약한 자일 것입니다. 또한 문맥상으로 유추하자면 약한 자는 '이 날을 저 날보다 낫게 여기는'(14:5) 사람들이었습니다.

약한 자는 음식과 날짜에 민감한 사람들입니다. 반면 강한 자는 음식과 날짜를 신경쓰지 않는 사람들입니다. 그들은 어떤 사람들일까요? 이를 위해서 우리는 로마서의 상황적 배경을 유추해볼 필요가 있습니다. 주후 120년경 수에토니우스의 기록에 따르면 "클라우디우스 황제가 크레스토의 선동으로 끊임없이 소요를 일으키는 유대인들을 로마에서 추방"[18]했다는 단서가 남겨져있습니다. 그리고 '오늘날 많은 현대 역사가들은 수에토니우스의 본문[19]에 등장하는 '크레스토'(Chresto)가 '그리스도'(Christos)의 잘못된 표기라고 이해합

---

18   조셉 A. 피츠마이어, 김병모 역, 『앵커바이블:로마서』, CLC, 53.

19   조셉 A. 피츠마이어, 김병모 역, 『앵커바이블:로마서』, CLC, 54.

니다. 이를 바탕으로 우리는 40년대 후반에 로마사회에 있었던 유대인들 사이의 갈등을 상상해볼 수 있습니다. 아마도 예수를 믿던 유대인들이 그리스도를 증언하기 시작하면서 유대인 공동체 가운데서 소요가 발생했던 것 같습니다. 예수를 믿지 않던 유대인들이 반발하면서 생겨난 일이겠지요. 따라서 클라우디우스 황제는 (예수를 믿건 안 믿건) 유대인 전체를 로마에서 추방했을 겁니다. 이런 상상을 당시 로마교회에 대한 상상으로 이어가보면 어떨까요? 로마교회는 애초에 유대인 그리스도인들에 의해 개척되었습니다. 그 이후에 (유대인 그리스도인들의 전도를 통해) 로마 내의 이방인들이 합류했던 것으로 보입니다. 하지만 클라우디우스 황제의 추방으로 말미암아 길게는 10년(41-54년) 짧게는 5년(49-54년) 정도의 기간 동안 로마교회의 리더였던 유대인 그리스도인들 모두가 추방되었을 것이고, 그 기간 동안 이방인 그리스도인들이 로마교회의 주축 세력으로 자리를 잡게 되었을 것입니다.[20] 이제 그 이후 초기 로마교회 개척에 공을 쏟았던 유대인 그리스도인들이 로마로 돌아오게 되었을 때 로마교회의 모습을 상상해봅시다. 초기 개척에 공을 세웠던 사람들인 유대인 그리스도인들이 이제 손님 취급을 받게 되었습니다. 반면 유대인 그

---

20 로마서 기록 당시의 로마교회의 배경에 대한 자세한 내용은 조셉 A. 피츠마이어, 김병모 역, 『앵커바이블:로마서』를 참조하십시오.

리스도인들의 전도를 통해 로마교회로 들어왔던 이방인 그리스도인들이 이제는 교회의 주축세력으로 자리를 잡게 되었습니다.

이를 배경으로 '강한 자'와 '약한 자'를 재구성해본다면 어떨까요? 아마 '강한 자'는 당시 로마교회의 주축세력으로 자리잡고 있는 이방인 그리스도인들일 겁니다. 이들은 (앞서 갈라디아서에 등장했던) 음식법 혹은 절기와 무관하게 신앙생활을 하는 사람들입니다. 반면 '약한 자'는 잠깐 로마에서 추방당했다가 다시 돌아온 유대인 그리스도인일 가능성이 높습니다. 그들은 (유대인으로 태어나서 유대인으로 자라났기에) 여전히 할례, 음식법, 절기를 중요하게 여겼습니다.[21] 로마교회 내부에는 이미 강한 자(이방인 그리스도인)들이 주도권을 잡고 있었습니다. 따라서 그들은 음식과 날짜에 민감한 약한 자(유대인 그리스도인)에게 개의치 않았습니다. 음식과 날짜 따위는 (유대인 그리스도인들 앞에서) 전혀 신경쓰지 않았습니다. 갈라디

---

21 참고로 초기 그리스도교 공동체에서 유대인 그리스도인들은 여전히 유대인의 전통 가운데 머물고 있었습니다. 그들은 할례를 받았고, 토라를 암송했으며, 음식법 및 절기를 지키면서 예수 그리스도를 믿는 사람들이었습니다. 물론 이후 그리스도교의 주도권은 대다수의 이방인 중심의 그리스도교 공동체로 넘어오게 되면서 오늘날의 교회가 지금과 같은 모습이 되었을 가능성이 높습니다. 참고로 최근에 'Paul within Judaism'에 속한 학자들은 초기 기독교 공동체 당시에 이방인이 구원받는 길과 유대인이 구원받는 길이 달랐을 가능성을 높게 여깁니다. 이에 대한 자세한 내용은 가브리엘 보카치니, 정동현 역, 『바울이 전하는 세 가지 구원의 길』을 참조하십시오.

아교회에서는 유대인 그리스도인들이 이방인 그리스도인들에게 주도권을 취하려고 다툼을 일으켰다면, 로마교회에서는 이방인 그리스도인들이 이미 주도권을 잡고 있었고, (그들의 배려 없음으로 말미암아) 유대인 그리스도인들이 피해를 보고 있던 셈입니다. 따라서 바울은 (이미 주도권을 잡은) 이방인 그리스도인들에게 (상대적으로 연약한 존재인) 유대인 그리스도인들을 배려할 것을 권면합니다.

"믿음이 강한 우리는 마땅히 믿음이 약한 자의 약점을 담당하고 자기를 기쁘게 하지 아니할 것이라 우리 각 사람이 이웃을 기쁘게 하되 선을 이루고 덕을 세우도록 할지니라"(15:1-2)

강한 자 (이방인 그리스도인)	약한 자 (유대인 그리스도인)

로마서 : 음식 및 날짜에 대한 더 나은 지식으로 장벽을 세우다.

갈등의 조짐을 끌어안고서 교회가 되다

갈등전환학의 전문가인 존 폴 래더락 박사는 『갈등을 바라보는 새로운 패러다임:갈등전환』에서 '첨예하고 복잡한 정치

사회적 문제에 대한 성급한 해결책'[22]을 제시하려고 하는 오늘날의 문화적 흐름을 비판합니다. 왜냐하면 '해결책 위주의 사고는 진정 필요한 변화를'[23] 덮어버린다는 겁니다. 해결을 지향하는 개념의 '갈등해결'은 의사결정 상황에서의 해결책(solution)을 통해 최대한 단기간 내에 갈등의 뿌리를 뽑아내고자 하는 사고방식입니다. 물론 가끔 이러한 해결은 유용할 때가 있습니다. 일단 불이 나면 불을 꺼야 합니다. 일단 집이 침수된다면 물을 퍼내야 합니다. 일단 문제가 발생하면 신속히 해결을 해야 할 때가 있습니다. 교회도 크게 다르지 않을 것입니다. 매우 특수한 (마치 재앙과 같은) 문제가 교회 안에 발생한다면 최대한 빠르게 이를 해결해야만 할 것입니다. 골든타임을 놓치지 말아야 합니다. 하지만 매우 특수한 문제가 아닌 빈번하게 발생할 수 있는 문제라면 어떨까요? 매번 주기적으로 발생할 가능성이 있는 문제라면 어떨까요? 뿐만 아니라 어떤 사업의 효율적인 방안과 관련된 문제에 국한되지 않고 교회 안에 다양한 지체들의 관계가 얽혀있는 문제라면 어떨까요? 그럴 때도 골든타임을 놓치지 않을 해결책(solution)을 고민해야 할까요? 다 함께 예배를 드리는데 음향기기가 고장나서 듣기 싫은 소리가 계속 나온다면 어떻게 해

---

22   존 폴 래더락, 『갈등을 바라보는 새로운 패러다임:갈등전환』, 대장간, 15-16.
23   존 폴 래더락, 『갈등을 바라보는 새로운 패러다임:갈등전환』, 대장간, 16

야 할까요? 최대한 빠른 시간 내에 해결할 수 있어야 합니다. 음향기기를 교체하거나 혹은 음향기기 없이 예배를 드리는 방법을 고안해야 합니다. 단기간에 과감한 해결책(solution)이 필요한 경우입니다. 그런데 만약 다 함께 예배를 드리는데 피아노 반주자가 특정 구간에서 계속 실수를 한다면 어떨까요? 더군다나 해당 반주자는 피아노 실력이 좋지 않지만 교회공동체를 위해 장시간 연습을 통해 그 자리를 섬겨가고 있다면 어떨까요? 그 지체를 교회에서 쫓아내는 과감한 해결책(solution)은 분명 적절하지 않을 것입니다. 그럴 때에 우리에게 필요한 것은 공동체 전체가 그 문제를 문제로 여기지 않는 전환(transform)입니다.

이는 결국 공동체가 갈등을 이해하는 방식의 차이입니다.[24] 해결책(solution)을 고민하는 갈등해결의 사고방식은 갈등 자체를 부정적으로 생각합니다. 갈등은 최대한 겪지 않는 것이 좋다고 생각합니다. 그들에게 갈등은 폭풍우, 지진, 화재와 같은 재앙에 가깝습니다. 하지만 전환(transform)을 고민하는 갈등전환의 사고방식은 갈등 자체가 공동체 내에서 건설적인 변화를 일으킬 수 있음을 기대합니다. 눈앞에 있는 문제상황만 성급하게 해결하려 하기보다는 오히려 공동체 전

---

24 갈등전환 및 갈등해결의 사고방식 차이를 더 자세히 알고 싶다면 존 폴 레더락의 『갈등을 바라보는 새로운 패러다임:갈등전환』의 5장을 참조하십시오.

체가 이 문제를 통해 더욱 성숙할 기회를 찾을 수 있다는 것입니다. 또한 이는 공동체가 스스로를 이해하는 방식의 차이이기도 합니다. 앞서 등장한 박세직 집사님께서 목사님에게 강력한 리더십을 요구한 이유도 여기에 있습니다. 기본적으로 기업은 소속된 구성원들보다 이윤과 실적을 더 중요시합니다. 기업에는 갈등해결이 필요하고, 기업에는 강력한 리더십이 필요합니다. 강력한 리더십을 바탕으로 이윤과 실적을 위해 전력질주할 수 있어야 합니다. 따라서 기업에는 구성원들마저도 크게 중요하지 않습니다. 언제든지 이윤과 실적을 위해서라면 구조조정 및 조직개편을 단행할 수 있다고 생각합니다. 반면 교회는 기업과 다릅니다. 교회의 목적은 이윤과 실적이 아닙니다. 오히려 교회의 목적은 소속된 구성원들입니다. 각자 정체성이 다른 구성원들 때문에 갈등이 일어난다 하더라도 특정 구성원 혹은 특정 집단을 교회 바깥으로 몰아내는 것은 결코 교회답지 않은 결정입니다.

갈라디아서 및 로마서에서 말하는 이신칭의의 맥락이 바로 여기에 있습니다. 갈라디아서에서 일어난 갈등은 무엇인가요? 유대인 그리스도인들이 주도권을 잡으려고 했습니다. '율법'을 기준으로 새로운 '계급'을 만들려고 했습니다. 할례와 음식법, 안식일과 절기라는 드높은 장벽을 세우려고 했습니다. 이방인 그리스도인들을 자신들의 주도권 아래에 두려고 했습니다. 갈라디아서의 이신칭의는 바로 이런 맥락 속에서 터져나온 메시지입니다. 이신칭의는 **교회 내의 (유대인과 이방인 사이의) 장벽을 철폐하자**는 메시지입니다. 갈등을 일으키는 유대인 그리스도인들을 모두 몰아내자고 말하지 않습니다. 갈등을 일으키는 주원인이 되는 율법을 철폐해야 한다고 주장하지도 않습니다. 즉, 갈등의 가능성들을 모두 제거하는 '갈등해결'의 방식으로 바라보지 않았습니다. 바울은 여전히 유대인 그리스도인들에게는 율법이 필요하다고 생각했습니다. 또한 여전히 유대인 그리스도인들과 이방인 그리스도인들이 교회 안에서 서로 공존할 수 있어야 한다고 생각했습니다. 두 집단이 공존하는 한 갈등의 가능성은 여전히 존재합니다. 그럼에도 불구하고 교회는 이를 창조적으로 끌어안는 공동체여야 한다고 생각했습니다. 더 나아가 바울은 '갈등전환'의 사고방식을 활용하여 교회의 정체성을 좀 더 확장합니다. 이방인과 유대인 사이에 차별이 없는 공존을 넘어 남성과 여성 사이에도, 종과 자유인 사이에도 차별과 장벽이 없는 공존을 일구는 것이 바로 그리스도의 몸인 **교회**라는 것입니다.

"여러분은 모두 그 믿음으로 말미암아 그리스도 예수 안에서 하나님의 자녀들입니다. 여러분은 모두 세례를 받아 그리스도와 하나가 되고, 그리스도를 옷으로 입은 사람들이기 때문입니다. 유대 사람도 그리스 사람도 없으며, 종도 자유인도 없으며, 남자와 여자가 없습니다. 여러분 모두가 그리스도 예수 안에서 하나이기 때문입니다"(갈 3:26-28, 새번역)

로마서의 맥락 또한 큰 틀에서 다르지 않습니다. 갈라디아 교회의 경우에는 거짓교사들이 이방인 그리스도인들에 대한 주도권을 잡으려 다투는 맥락이었다면, 로마교회의 경우에는 이방인 그리스도인들이 (유대인 그리스도인들에 대하여) 이미 주도권을 잡은 상태입니다. 하지만 교회의 주도권이 이방인 그리스도인들에게 있다 한들 이점이 결코 이방인 그리스도인들이 우월함을 뜻하진 않습니다. 오히려 하나님 앞에서는 (주도권을 누가 쥐고 있느냐와는 무관하게) 이방인과 유대인은 동등합니다.

"그러므로 사람이 의롭다 하심을 얻는 것은 율법의 행위에 있지 않고 믿음으로 되는 줄 우리가 인정하노라 하나님은 다만 유대인의 하나님이시냐 또한 이방인의 하나님은 아니시냐 진실로 이방인의 하나님도 되시느니라"(롬 3:28-29)

따라서 이미 주도권을 잡은 사람들은 그만한 책임감을 갖고 교회를 교회답게 이끌어 갈 의무를 짊어지게 됩니다. 권력은 곧 책임감입니다. 주도권을 이미 이방인 그리스도인들이 쥐고 있다면, 책임감을 갖고서 교회 공동체를 교회답게 빚어나갈 수 있어야 합니다. 따라서 이방인 그리스도인들은 먼저 양보해야 합니다. 먼저 희생해야 합니다. 혹여나 유대인 그리스도인들과 자신들 사이에 드높은 장벽이 있다면 이를 스스로 허물 수 있어야 합니다. 흥미롭게도 신약학자 테드 W. 제닝스는 로마서의 중요한 문제인 강한 자와 약한 자의 갈등 장면을 두고서 독특한 통찰을 이야기합니다.[25] 바울은 기본적으로 강한 자의 신념에 동의한다는 겁니다. 강한 자가 생각하는 규범이 약한 자가 생각하는 규범보다 더 탁월하다는 사실을 인정한다는 겁니다. 하지만 그럼에도 불구하고 교회는 탁월한 규범으로 세워지지 않습니다. 오히려 탁월한 규범을 강조하면 강조할수록 교회 안에서 다양한 구성원들이 공존할 가능성은 점점 사라지고 말 것입니다.

바울이 꿈꾼 교회는 탁월한 규범을 기준으로 동질집단으로 똘똘 뭉쳐진 공동체의 모습이 아니었습니다. 오히려 바울

---

25 "바울이 다른 사람 혹은 공동체에 무엇이 옳다는 선언을 내세울 필요가 없다고 생각한다는 점이다. … 그러나 여기에 규칙을 만들고 법을 만들지는 말라. 당신이 개종자를 찾아내고 믿지 않는 자들을 배제할 종교를 만들지 말라. … 여기에는 기본적인 원칙이 있다. 이는 바로 감사한다는 원칙이다. 우리가 무엇을 하건 하지 않건 중요한 것은 불안이 아니라 감사와 이를 표현하는 기도다." 테드 W. 제닝스, 『무법적 정의』, 길, 316.

은 다양한 사람들이 (그리스도 안에서) 교회라는 이름으로 공존할 수 있어야 한다고 생각했습니다. 유대인과 헬라인, 남성과 여성, 종과 자유인이 공존할 수 있어야 한다고 생각했습니다. 물론 이처럼 다른 집단 사이의 공존은 언제나 갈등의 가능성을 품고 있습니다. 주도권 다툼이 일어날 가능성은 언제나 상존합니다. 그럼에도 바울은 '그리스도 안에서 하나가 될 수 있다!'는 매우 창조적인 갈등전환의 방식으로 이를 하나로 묶으려고 했습니다. 이를 위해서 바울은 강한 자들에게, 자신들이 지니고 있었던 탁월한 규범을 내려놓고 약한 자들의 규범을 준수하는 척 해주라고 권합니다. 이는 마치 예수 그리스도의 구원 사건과 동일한 꼴입니다. 하나님께서는 인간이 되셨습니다. 하나님께서는 자신의 목숨을 내어주셨습니다. 이는 평화를 이룩하는 하나님의 방법입니다. 절대 갑이신 하나님께서 을인 인간을 위해 자기를 내어주셨습니다. 마찬가지로 교회 안에서 주도권을 잡은 이들은 다른 구성원들을 위해 자신을 내어줄 수 있어야 합니다.[26] 양보, 희생, 배려가 있어야 비로소 다양한 구성원들이 함께 공존할 수 있기 때문입니다.

초기 기독교 공동체에는 유대인 그리스도인 집단과 이방

---

26 "타자를 위한 약함으로 표출된다. 그 편지에서 그는 십자가에 관한 메시지를
    전하며, 그러한 행동양식이 바보스럽고 약하게 보이지만 오히려 구원의 힘이
    되는 방식에 대해 이야기한다." 테드 W. 제닝스, 『무법적 정의』, 길, 323.

인 그리스도인 집단이 공존하고 있었습니다. 두 집단 사이의 주도권 다툼은 상수였습니다. 두 집단 사이에 존재하는 갈등을 해결하기 위해서 특정 집단을 제거한다면 이는 더 이상 교회가 아닙니다. 특정 집단이 주도권을 쥐고 이를 권력처럼 휘두른다면 그 또한 교회가 아닙니다. 오히려 갈등의 가능성을 품고 있음에도 불구하고 서로가 양보하고 배려함을 통해 서로 다른 이들이 함께 공존할 수 있는 공동체가 바로 교회입니다. 바울이 꿈꾸던 교회다움은 바로 다양한 구성원들이 서로 자기를 내어주는 방식으로 함께 공존하는 모습이었습니다. 따라서 바울은 갈라디아서와 로마서에서 '이신칭의'를 외칩니다. 우리가 의롭다 하심을 받은 이유는 유대인 때문도 아니고, 유대인이 아니기 때문도 아니며, 오직 예수 그리스도의 은혜 때문이라는 겁니다. 이제 서로 다른 두 집단은 예수 그리스도 안에서 새로운 정체성을 덧입을 수 있게 되었습니다.

권징 또한 이신칭의와 다르지 않습니다

한 교인을 출교하는 결정을 내리다

갈라디아교회 및 로마교회에 내린 바울의 이신칭의 처방은 무척 아름다운 장면입니다. 각 집단 간의 주도권 다툼으로 인해 주도권을 잃을뻔한 이들의 곁에서 그들의 권리를 옹호하고, 이미 주도권을 쥔 이들에게 양보의 미덕을 종용하고 있으니까요. 오늘날 지역교회에서도 서로 다른 구성원들 사이에 다툼이 일어날 때마다 바울처럼 반응할 수 있다면 얼마나 좋을까요? 누가 주도권을 쥐느냐의 싸움을 그만두는 것입니다. 오히려 우리가 그리스도 안에서 공존해야 하고 하나의 공동체가 되어야 한다는 입장 하에서, 서로 이해하고 양보하며 배려하도록 권하는 것입니다. 혹자는 무척 입에 발린 달콤한 소리라고 말할지도 모르겠습니다. 실제 교회 현장은 그렇지 않다고, 마치 정글과 같다고 말할지도 모르겠습니다. 네, 충분히 이해합니다. 때로 교회는 매우 극심한 갈등 때문에 더욱 강경한 입장을 취해야 할 때도 있으니까요. (아니, 요즘에는 이런 경우가 더욱 많아지는 것 같습니다)

극심한 갈등 때문에 강경한 입장을 취해야 할 때에는 어떻게 해야 할까요? 흥미롭게도 각 교단의 헌법은 지역교회의 당회 뿐만 아니라 지역교회가 속한 노회와 총회를 '치리회'로 규정합니다.[27] 치리회라는 말은 말 그대로 교회를 다스리는 모임[28]이라는 의미입니다. 교회가 치리한다는 개념이 다소 낯

---

27 "치리회는 당회, 노회, 총회로 구분한다." 제 2편 정치, 제 9장, 60조 치리회의 구분, 대한예수교장로회(통합) 헌법.

28 "치리회란 교회를 다스리는(治理) 모임(會)입니다. 가르치는 장로인 목사와 다스리는 장로인 치리장로로 구성된 기관인데, 하나님의 말씀과 신앙고백

설 수도 있겠습니다. 이는 교회가 교회구성원을 다루는 법정으로 기능할 수 있다는 말입니다. 그중에서 오늘날 우리에게 낯선 개념 중의 하나가 바로 권징입니다. 권징은 말 그대로 선행은 권하고, 악행은 징계한다는 의미입니다. 물론 교회 내의 권징이 법적효력을 발휘하여 세상에서의 삶에까지 영향을 미치진 않습니다. 또한 오늘날에는 마치 목욕탕, 이발소, 단골음식점을 옮기는 것처럼 소속 교회를 무분별하게 옮기는 풍조로 말미암아 각 지역교회의 권징의 무게감이 퇴색된 측면이 있습니다. 하지만 그럼에도 불구하고 인지해야 할 점은 교회의 치리회는 권징을 통해 교회 내의 질서를 잡을 수 있어야 한다는 점입니다.[29] 이는 교회에도 질서가 있으며, 질서를 바로 세워야 한다는 의미입니다. 특별히 (대한예수교장로회(통합) 헌법을 기준으로) 치리회에서 내릴 수 있는 책벌에는 아홉 가지[30]가 있습니다. 만약 교회가 극심한 갈등 때문에

과 교회법에 따라 교회의 입법과 행정, 사법을 다룹니다." 손재익, 『분쟁하는 성도, 화평케 하는 복음』, 지우, 54.

29 "또한 교회 법정이 내리는 시벌은 국가의 세속법과 달리 공권력에 의한 강제가 없습니다. 설령 누군가가 그것을 받아들이지 않는다 해도 실제적인 제재방안이 없습니다. 자발적으로 지켜야 합니다. 하나님의 백성들은 교회법 자체가 갖고 있는 구속력에 자발적으로 순복해야 합니다.
안타깝게도 세속 풍조에 깊이 젖어 있는 한국교회 안에서는 이러한 하나님의 진노는 대수롭지 않게 여기고, 사회법적 구속력을 가진 법원에서 내리는 판결에는 엄격하게 순종하려는 풍조가 은연중에 있습니다. 이는 세속적 가치관이자 세속적 사고방식입니다." 손재익, 『분쟁하는 성도, 화평케 하는 복음』, 지우, 75.

30 "견책, 근신, 수찬정지, 시무정지, 시무해임, 정직, 상회총대파송정지, 면

강경한 입장을 취해야 한다면 '헌법'에 근거하여 해당 교인을 치리하는 것 또한 교회가 취할 수 있는 방법입니다. 흥미롭게도 성경에 교회가 치리한 장면, 책벌을 내린 장면이 등장합니다. 바로 고린도전서 5장의 본문입니다.

> "너희 중에 심지어 음행이 있다 함을 들으니 그런 음행은 이방인 중에서도 없는 것이라 누가 그 아버지의 아내를 취하였다 하는도다 그리하고도 너희가 오히려 교만하여져서 어찌하여 통한히 여기지 아니하고 그 일 행한 자를 너희 중에서 쫓아내지 아니하였느냐 내가 실로 몸으로는 떠나 있으나 영으로는 함께 있어서 거기 있는 것 같이 이런 일 행한 자를 이미 판단하였노라 주 예수의 이름으로 너희가 내 영과 함께 모여서 우리 주 예수의 능력으로 이런 자를 사탄에게 내주었으니 이는 육신은 멸하고 영은 주 예수의 날에 구원을 받게 하려 함이라"(고전 5:1-5)

앞서 (대한예수교장로회(통합) 헌법을 기준으로) 치리회에서 내릴 수 있는 책벌에는 아홉 가지가 있다고 말씀드렸습니다. 가장 가벼운 책벌이 견책입니다. 말 그대로 잘못을 꾸짖고 회개하도록 돕는 것입니다. 가장 무거운 책벌은 바로 출교입니다. 교회명부에서 그를 제거하고 교회 출석을 금지하게 만듭

직, 출교" 제 3편 권징, 제 1장, 제 5조 책벌의 종류와 내용, 대한예수교장로회(통합) 헌법.

니다. 고린도전서 5장은 (비록 바울 및 고린도교회가 대한예수교장로회(통합) 소속은 아니지만) 오늘날 교단헌법에 비춰본다면 매우 강경한 책벌인 출교를 명한 사건입니다. 어쩌면 갈라디아서 및 로마서에서는 '이신칭의'라는 다소 낭만적인 방법을 권했던 바울이 참다 참다 못해 교회와 결이 맞지 않는 구성원을 추방하는 결정을 내린 것이 아닐까요? 실제 바울은 선교 여행이라는 과업을 위해 과감하게 마가를 전도팀에서 쫓아냈던 적이 있습니다. 어쩌면 해당 지체 또한 교회의 과업에 방해가 되어서 출교 결정을 했던 것이 아닐까요? 만약 그렇다면 오늘날의 목사 또한 과감한 (현대교회가 잃어버린) 권징을 시행하면서 교회의 질서를 잡는 것이 필요할 때도 있지는 않을까요?

출교의 이유는 특정 집단에게 있었다

하지만 해당 본문은 꽤 해석의 논란이 있는 본문입니다. 왜냐하면 권징의 대상이 되었던 당사자가 범했던 잘못이 어떠한지가 생각보다 명확하지는 않기 때문입니다. 물론 혹자는 왜 명확하지 않은지 고개를 갸웃거릴 것입니다. 왜냐하면 본문이 당사자가 범한 잘못에 대하여 너무도 명확하게 말하고 있는 것처럼 보이기 때문입니다.

"너희 중에 심지어 음행이 있다 함을 들으니 그런 음행은 이방
인 중에서도 없는 것이라 누가 그 아버지의 아내를 취하였다 하
는도다"(5:1)

그렇습니다. 본문이 말하는 바는 명확해보입니다. 그는
"아버지의 아내"(5:1)를 취한 "음행"(5:1)을 범했습니다. 바울
은 각별히 이 문제에 관하여 이와 같은 사례가 "이방인 중에
서도 없는 것"(5:1)이라며 당혹스러워한 것으로 보입니다. 하
지만 '아버지의 아내와 음행한 사건'을 이 표현 그대로 받아
들이기에는 다소 의구심이 생겨납니다. 특별히 성서학자들은
당시에 실제 일어난 사건이 무엇일까 질문하면서 최대한 상
상력을 발휘하곤 합니다. 해당 사건을 재구성하는데 있어서
는 크게 세 가지의 논쟁점이 있습니다.[31]

(1) 아버지의 아내가 해당 교인의 친모 아니면 계모인가?
(2) 음행이 벌어졌을 당시 해당 교인의 아버지는 생존했
    을까?
(3) 둘 사이의 혼인을 말하는 것인가? 혹은 비밀리에 이뤄
    진 불륜을 말하는 것인가?

---

31 신약학자 김판임은 고린도전서 5장의 음행의 실체에 관하여 무척 흥미로
    운 연구를 했습니다. 자세한 내용은 김판임, 『바울과 고린도교회』를 참조
    하십시오.

학자들은 각자 나름의 방식으로 사건을 재구성합니다. 뚜렷한 정답이 있다고 말할 수는 없습니다. 단지 남겨진 고린도 전서의 텍스트를 바탕으로 추정할 따름이니까요. 정답은 없지만 우리 또한 해당 사건을 재구성해보려고 합니다. 우리의 상식 혹은 통념보다는 성경본문을 바탕으로 말입니다.

> "그리하고도 **너희**가 오히려 **교만**하여져서 어찌하여 통한히 여기지 아니하고 그 일 행한 자를 너희 중에서 쫓아내지 아니하였느냐?"(5:2)

흥미롭게도 2절은 '**교만**'에 대해 말하고 있습니다. 문자 그대로 아버지의 아내와의 음행사건이 일어났는데 '교만'을 운운한다는 것은 이해하기가 어려운 일입니다. 단지 왜 너희가 음행한 이를 빨리 치리하지 못하느냐며 결단력 혹은 도덕성을 운운해야 하지 않을까요? 또한 해당 문제가 발생했을 때에 가장 추궁을 받아야 할 대상은 당사자입니다. 말 그대로 '음행'을 꾸짖는 것이 마땅합니다. 하지만 바울은 적어도 2절 본문에서는 당사자의 음행을 꾸짖지 않습니다. 이에 대해서는 침묵할 따름입니다. (그만큼 끔찍한 음행 사건이 발생해서 그런 것일까요? 그렇지는 않은 것 같습니다) 당사자의 문제에는 침묵합니다. 그러면서도 해당 문제를 처리하는 고린도교회(**너희**)가

'교만'하다고 질책하는 것은 어떤 의미일까요? 어쩌면 당사자의 음행 자체가 (자세히 들여다본다면) 생각보다는 큰 문제가 아니었던 것 때문은 아닐까요?

한번 상상력을 발휘하여 당시의 사건을 재구성해봅시다.[32] 해당 교인의 음행 자체가 생각보다는 큰 문제가 아니었다는 가정에서 출발하는 겁니다. 세 번째 논점부터 생각해봅시다. 음행 자체가 큰 문제가 아니었다는 말은 둘 사이에 비밀리에 일어난 불륜의 문제보다는 (공식적이거나 혹은 비공식적인) 혼인 문제를 다루고 있었을 가능성이 큽니다. 만약 그렇다면 이제 첫 번째 논점과 두 번째 논점 또한 명확해집니다. 음행이 아닌 혼인 문제라면 '아버지의 아내'는 계모였을 겁니다. 또한 둘 사이의 혼인문제였다면 사건 당시에 해당 교인의 아버지가 생존하지 않았을 가능성이 높습니다. 특별히 대다수의 남자가 어린 여자와 결혼했으며, 재혼의 경우에는 더 어린 여자랑 결혼했던 헬레니즘 사회의 문화를 고려해본다면 어떨까요? 우리는 다음과 같이 (상상력을 발휘하여) 당시 일어난 사건을 재구성해볼 수 있습니다. 아마 아버지 사후에 홀로 과부

---

32 "바울의 논조를 보면 고린도전서 5장은 사건의 장본인을 향한 것이라기보다는 그 사건을 지켜본 교인들의 태도를 책망하는 것이다. … 그러므로 이 일은 아버지가 생존해 있는 중에 아들과 계모의 비밀스러운 애정행각일 수 없다. … 오히려 아버지가 사망한 후에 아들이 계모와의 혼인관계를 교회에 공식적으로 밝히고 교인들이 축하까지 한 상황이라 보는 편이 훨씬 더 개연성이 있다." 김판임, 『바울과 고린도교회』, 동연, 55.

로 남겨진 계모는 해당 교인과 비슷한 또래였을 겁니다. 따라서 해당 교인은 이 여인에 대한 연민과 연모의 감정이 뒤섞이며 고민하던 끝에 (공식적이거나 혹은 비공식적인) 둘 사이의 혼인 문제를 놓고 고린도교회의 의견을 구했던 것은 아니었을까요? 만약 이와 같은 재구성을 기반으로 한다면 고린도전서 5장은 분별력 없이 둘 사이의 결혼을 축복하고 새 출발을 응원한 (해당 교인의 문제가 아닌) 고린도교회(너희)의 문제를 다루고 있는 것입니다.

특별히 신약학자 리처드 A. 호슬리에 따르면 고린도전서에 등장하는 문제 대다수는 특별한 영적 경험에 매몰된 은사주의자들이 일으킨 문제[33]로 볼 수 있습니다. 은사주의자들은 특별한 은사를 경험했습니다. 고린도교회 안에서 자신이 받은 특별한 은사 및 영적경험을 자랑하는 경향이 있었습니다. 뿐만 아니라 그들 중 일부는 강렬한 은사체험 속에서 깨달음을 얻었기에 더 이상 전통적인 종교윤리의 규범과 금

---

33 "일부 고린도인들에게 천상의 소피아와 관계를 맺는 것은 다른 어떤 것보다 중요한 일이었고, 이는 그들의 에너지를 영적 삶에 쏟아부을 것을 요구했다. … 일부 고린도인들은 불멸성과 신적 세계에 대한 지식을 얻음으로써 안전성을 확보하게 되었다고 여겼고, 이것은 그들로 하여금 세계 내의 사회적 관계 안에서 무엇이든 할 수 있다 혹은 허용된다고 생각하게 만들었을 것이다. 이들의 '강하고' 계몽된 의식은 관습적인 도덕률과 집단적 편견으로부터 그들을 해방시켰다. 특히 영적체험은 충만함과 깨달음, 인격적 완성을 개인에게 가져다주었다. 그러나 바울은 일차적으로 공동체 구성원 간의 관계에 우위를 둘 것을 주장했다." 리처드 A. 호슬리, 『고린도전서:어빙던 신약성서 주석』, 대한기독교서회, 43.

기들을 지키지 않아도 된다고 생각했습니다. (일부 영지주의 집단과 유사한 모습입니다) 그렇다면 우리가 여기서 또 하나의 가정을 해봅시다. "음행"(5:1)한 해당 교인이 (고린도교회 내부의) 은사주의자 집단에 속해있었다고 상상해보는 겁니다. 그는 연민과 연모의 감정이 뒤섞인 '아버지의 아내'를 어떻게 할까의 문제를 놓고 고민 끝에 조언을 구했을 겁니다. 하여 은사주의자 집단은 해당 문제를 놓고 진지하게 기도했었겠지요. 기도하던 중에 몇몇 은사를 가진 사람이 해당 교인에게 이렇게 예언을 했던 것은 아니었을까요? '아버지의 아내'를 마치 아내처럼 여기고 함께 사는 것이야말로 세상이 이해하지 못할 하늘의 지혜라고 말입니다. 물론 이는 기존 종교윤리와 사회적 규범에 어긋납니다. 하지만 영적경험을 한 은사주의자들은 더 이상 이전의 윤리와 규범에 개의치 않습니다. 오히려 (신비적 체험을 바탕으로) 규범을 벗어나는 삶을 더욱 영광스럽게 여겼습니다. 이와 같은 신비한 예언에 해당 교인은 순응했습니다. 은사주의자들 또한 고린도교회 전체가 해당 교인의 결혼 및 새 출발을 축복할 것을 부추겼습니다.

만약 우리의 재구성이 적절하다면 이 사건은 음행 혹은 부도덕의 사건이 아닙니다. 오히려 지나치게 영적인 집단이 교회의 질서를 어지럽힌 사건입니다. 은사체험으로 말미암아 '교만'하여진 일부 은사주의자들은 자기 자신들이 '하늘의 지혜'를 이해할 수 있는 특별한 존재들이라고 생각했습니다. 반면 그렇지 못한 교인들은 '하늘의 지혜'를 이해하지 못하고 그저 전통적인 종교윤리의 규범과 금기들에 갇혀있다고 생각했습니다. 만약 그들의 생각이 옳다 하더라도 (마치 로마서의 케이스처럼) 여전히 깨닫지 못한 지체들의 입장을 배려해야 하지 않았을까요? 은사주의자들은 자신이 깨달은 바를 교회 공동체 내에서 관철시키기 위해 '권력'을 남용한 집단입니다. 이와 같은 행태는 (로마서, 갈라디아서의 사례처럼) 은사주의자와 은사를 받지 못한 이들 사이에 거대한 장벽을 세우는 행태였습니다. 정리하자면 해당 교인의 '출교'라는 강력한 권징은 해당 교인의 문제만을 지적하려 했던 것이 아닙니다. 오히려 은사주의자 집단의 권력남용을 문제 삼고 있었으며, 그들의 교만한 권력남용을 제지하기 위해 '출교'라는 강력한 조치가 이어진 것입니다.

은사주의자	비은사주의자

고린도전서 : 영적경험을 바탕으로 장벽을 세우고 있다.

바울은 교회다운 교회를 꿈꾸고 있었다

바울의 입장은 일관적입니다. 고린도전서의 교인 출교 문제 또한 갈라디아서 및 로마서의 문제와 크게 다르지 않습니다. 큰 틀에서는 서로 다른 집단 사이의 주도권 다툼입니다. 갈라디아서 및 로마서에서는 갈등의 양상이 유대인 그리스도인들과 이방인 그리스도인들 사이에서 일어났다면, 고린도전서에서는 그 양상이 은사주의자 집단과 은사주의에 대해 다소 부정적이거나 소극적인 집단 사이에서 일어났습니다. 갈라디아서에서 화를 낸 이유는 무엇이었나요? 바로 거짓교사들이 이방인 그리스도인들을 자신의 발 아래에 두려고 했기 때문입니다. 자신들이 주도권을 장악하기 위해서 할례와 음식법과 안식일 및 절기라는 장벽을 높게 세우려고 했기 때문입니다. 고린도전서에서 바울이 출교라는 과감한 결정을 한 이유도 크게 다르지 않습니다. 은사주의자들 또한 신비체험과 은사라는 높은 장벽을 세우고 있었습니다. 은사를 여전히 경험하지 못한 이들을 자신들의 발 아래에 두려고 했습니다. 즉, 주도권을 쥐려고 했던 일부 세력의 횡포가 극에 달했던 것입니다. 특정 집단의 행태로 말미암은 교회 공동체의 분열 앞에 바울은 분노했습니다. 따라서 갈라디아서에서는 화를 냈고, 고린도전서를 통해서는 출교를 권면했던 것입니다.

고린도교회에서 은사주의자들은 영적경험을 기반으로 장

벽을 세워가고 있었습니다. 갈라디아교회에서는 유대인들이 이방인들과 자신들 사이에 (아브라함의 자손이라는 이유로) 혈통적 장벽을 세워가고 있었습니다. 로마교회에서는 강한 자들이 약한 자들과 자신들 사이에 지식적 장벽을 세워가고 있었습니다. 바울은 이와 같이 교회 공동체 안에서 서로를 구분하는 모든 행태에 대해 무척 예민하게 반응했습니다. 서로를 구분하는 모든 장벽은 그리스도로 말미암아 허물어져야 한다고 생각했습니다. 왜냐하면 우리는 그리스도인이기 때문입니다. 우리의 유일한 정체성은 우리 자신에게 있지 않고 그리스도께 있습니다. 우리가 교회로 부름받은 이유, 하나님의 백성으로 부름받은 이유는 우리의 자격과 조건에 달려있지 않습니다. 즉, 우리 모두는 자격 없는 사람들입니다. 교회 또한 자격 없는 사람들의 모임입니다. 따라서 교회 안에서만큼은 서로에게 자격을 요구하지 않는 것이 마땅합니다. 영적경험과 혈통도, 지식과 그 어떤 것도 요구되어서는 안 됩니다. 서로 자격을 요구하지 않을 때에만 비로소 이방인과 유대인이, 영적체험을 많이 한 사람과 아직 그러지 못한 사람이 서로 공존할 수 있습니다.

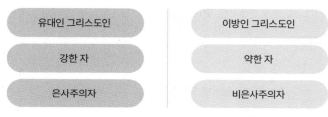

유대인 그리스도인	이방인 그리스도인
강한 자	약한 자
은사주의자	비은사주의자

서로를 구분하는 모든 장벽은 그리스도로 말미암아 허물어져야 한다.

바울의 공통된 메시지 속에는 이사야 11장의 하나님나라 소망이 자리잡고 있습니다. 하나님나라는 이리와 어린 양, 표범과 새끼 염소, 송아지와 새끼 사자와 살진 짐승, 암소와 곰, 독사와 젖먹이가 함께 평화롭게 공존하는 곳입니다. 교회의 원형인 예수님의 제자그룹이 꼭 그러했습니다. 창녀와 세리, 귀신들린 자와 온갖 병든 자들이 공존했습니다. 바울이 꿈꾼 교회의 모습도 크게 다르지 않습니다. 서로에게 자격을 요구하지 않음으로, 성육신의 방식으로, 십자가의 방식으로, 그리스도 안에서 유대인과 이방인, 그리고 남성과 여성 및 종과 자유인이 상호 차별과 갈등을 극복하고 평화를 일군 하나 된 공동체를 꿈꾼 것입니다. 그래서일까요? 세 권의 성경 전부 그리스도 안에서 다양한 구성원들 모두가 하나 된 새로운 백성이 되었음을 역설하고 있습니다. 바로 바울이 꿈꿨던 교회다움의 모습입니다.

"너희가 다 믿음으로 말미암아 그리스도 예수 안에서 하나님의 아들이 되었으니 누구든지 그리스도와 합하기 위하여 세례를 받은 자는 그리스도로 옷 입었느니라 너희는 유대인이나 헬라인이나 종이나 자유인이나 남자나 여자나 다 그리스도 예수 안에서 하나이니라"(갈 3:26-28)

"성경에 이르되 누구든지 그를 믿는 자는 부끄러움을 당하지 아니하리라 하니 유대인이나 헬라인이나 차별이 없음이라 한 분이신 주께서 모든 사람의 주가 되사 그를 부르는 모든 사람에게 부요하시도다"(롬 10:11-12)

"몸은 하나인데 많은 지체가 있고 몸의 지체가 많으나 한 몸임과 같이 그리스도도 그러하니라 우리가 유대인이나 헬라인이나 종이나 자유인이나 다 한 성령으로 세례를 받아 한 몸이 되었고 또 다 한 성령을 마시게 하셨느니라"(고전 12:12-13)

십자가의 리더십을 숙고해봅시다

그럼에도 교회는 리더십을 대망한다

이자익 목사님을 아십니까? '장로교회가 합동과 통합으로 분열되기 이전 장로교회 총회장을 세 번(13대, 33대, 34대)이나

지냈으며 20여 개의 교회 개척 및 신학교 설립[34] 등 한국교회 역사 속에서 큰 족적을 남기신 목사님입니다. 그가 남긴 족적도 무척 인상적이지만 그의 젊은 시절 이야기도 무척 인상적입니다. 그는 '경상남도 남해 출신으로 어려서 부모를 여의고 살 길이 막막해 금산으로 들어와 한 양반집의 마부[35]로 들어가게 됩니다. 해당 양반집에서 그를 마부로 고용한 인물은 바로 조덕삼입니다. 그러던 중 테이트 선교사의 전도를 통해 1905년 10월 11일 (마부였던) 이자익과 (양반이었던) 조덕삼은 (박희서란 사람과) 함께 세례를 받게 되었습니다. 당시 사회는 물론이거니와 교회 안에서도 양반과 천민의 갈등은 심각했다고 알려집니다. 하지만 양반 조덕삼과 그의 마부에 불과한 천민 이자익이 함께 세례를 받음으로 충격적인 교회가 출범하게 된 것입니다. 파격적으로 출범한 두정리교회는 이후 자리를 잡자 장로를 선출하게 되는데 여기서 나온 결과 또한 충격적입니다. 양반 조덕삼이 투표에서 떨어지고, 천민 이자익이 장로로 선출된 것입니다. 하지만 조덕삼은 투표 결과에 깔끔하게 승복했고, 이후 이자익 장로를 끝까지 지원했습니다. 조덕삼의 지원을 받은 이자익은 무사히 평양신학교를 졸업할 수 있었습니다. 그리고 이후 장로로 선출된 조덕삼 장

34　신종철, 〈ACT 신학공관 운동에서 본 이자익 목사에 관한 연구〉, 11.

35　김민아, 〈성인전(聖人傳) 관점으로 본 전북 지역 초기 개신교 신자들의 이야기〉, 18.

로는 자신의 마부에 불과했던 이자익을 자신의 교회의 목사로 청빙하는데 앞장섰습니다.[36] 한국교회 역사 속에 큰 족적을 남긴 이자익 목사님의 뒤편에는 바로 당시 사회의 통념을 뛰어 넘어 겸손과 사랑이라는 복음의 정신을 펼친 양반 출신 조덕삼 장로님이 있었습니다.

박세직 집사님이 제기한 비판의 대다수는 교회를 마치 이윤을 추구하는 사업체처럼 생각하기에 생겨나는 비판이었습니다. 교회는 이윤을 추구하는 사업체 혹은 공공기관이나 국가기관과 다릅니다. 강력한 리더십을 바탕으로 한 통제는 오히려 공동체 자체를 획일화된 집단으로 만들 가능성이 있습니다. 바울이 꿈꾸었던 갈라디아교회는 유대인 그리스도인들이 축출된 교회가 아니라 유대인 그리스도인들과 공존할 수 있는 교회였습니다. 마찬가지로 바울이 꿈꾸었던 고린도교회는 (권력을 남용하던) 은사주의자들이 축출된 교회가 아니라 은사주의자들과 공존할 수 있는 교회였습니다. 하지만 그렇다고 해서 리더십이 필요 없다는 말은 아닙니다. 실제 교회 안에서 일어나는 서로 다른 지체들 혹은 서로 다른 집단 사이의 주도권 다툼으로 말미암은 갈등 대다수에는 담임목사 혹은 당회가 갖고 있는 리더십 리스크가 결부되어 있습니

---

36   자세한 내용은 다음을 참조하십시오. 김민아, 〈성인전(聖人傳) 관점으로 본 전북 지역 초기 개신교 신자들의 이야기〉, 18-19.

다. 교회가 함께 지향해야 할 목적이 결여되어 있으며, 갈등이 일어날 때도 개입하지 않고 제3자처럼 지켜보고 있다던가혹은 친소관계에 따라 갈등의 당사자로 전락하는 경우가 빈번합니다.

따라서 박세직 집사님의 비판에는 충분히 경청할 지점이있습니다. 리더십은 교회 안에서 어떤 역할을 감당해야 할까요? 앞서 살펴본 이자익 목사님의 이야기에서 우리가 발견하는 것은 바로 조덕삼 장로님의 리더십입니다. 자신의 마부에불과했던 이자익과 같은 날에 세례를 받는 순간은 분명 (서로다른 신분집단 사이에) 갈등이 촉발될 수 있는 시점이었습니다.선교사가 같은 날에 세례를 주고자 결정했을 때 그는 분명반발할 여지가 있었고, 그로 말미암아 갈등이 촉발될 여지가 있었습니다. 자신의 마부에 불과했던 이자익이 장로로 선출되게 된 시점 또한 마찬가지입니다. 아마도 적지 않은 교우들은 조덕삼이 투표에서 떨어지고 이자익이 선출된 순간 가슴이 철렁했을 겁니다. 갈등의 불씨가 분명 살아있었기 때문입니다. 하지만 조덕삼 장로님께서는 자신을 내려놓는 과감한 리더십을 통해 갈등의 불씨를 잠재워버렸습니다. 만약 조덕삼 장로님의 리더십이 없었더라면 아마도 한국교회사 속에새겨진 이자익 목사님의 이름 또한 없었을 것입니다.

교회 내에는 다양한 집단이 공존합니다. 또한 이 다양한 집단들 사이에는 주도권 다툼의 불씨가 언제나 살아있습니다. 따라서 교회 안에는 더욱 탁월한 리더십이 요구됩니다. 잠재된 갈등을 창조적인 방향으로 이끌어낸 조덕삼 장로님의 리더십처럼 말입니다. 갈등을 창조적인 변혁으로 이끌어낼 수 있는 사례는 성경에서도 찾아볼 수 있습니다. 특별히 교회가 세상 가운데 막 태동한 무렵의 흔적을 담아내고 있는 사도행전에서 두 가지의 창조적인 리더십 사례를 살펴보고자 합니다.

의사결정을 내리지 않기로 의사결정하다

사도행전의 이야기는 예수님께서 부활하시고 승천하시는 장면으로 시작됩니다. 다만 예수님께서는 자신의 승천을 앞두고 제자들에게 한 가지를 부탁하십니다.

> "예루살렘을 떠나지 말고 내게서 들은 바 아버지께서 약속하신 것을 기다리라 … 너희는 몇 날이 못되어 성령으로 세례를 받으리라 하셨느니라"(1:4-5)

현재 제자들에게 닥친 상황을 한번 상상해보십시오. 그들이 메시아라고 따르던 예수님께서는 부활하셨습니다. 하지만 단순히 예수님께서 부활하셨을 뿐 그 어떤 것도 변하지 않은 것만 같습니다. 따라서 그들은 부활하신 예수님께 "이스라엘

나라를 회복하심이 이 때"(1:6)인지 질문했습니다.[37] 더군다나 부활하신 예수님께서는 제자들 곁에 오래 머물지 않으셨습니다. 성령께서 오실 것을 예고하시고는 승천하셨습니다. 제자들은 이제 무엇을 해야 할지 당혹스러웠을 겁니다. 그들 앞에 일어난 사건들은 자신들이 전혀 예상하지 못한 시나리오였습니다. 예수님께서 부탁하신 '아버지께서 약속하신' 성령의 강림 또한 어떤 방식으로 올지 전혀 예상할 수 없었습니다. 그럼에도 불구하고 그들 앞에 어떤 역사가 태동하고 있는 것은 자명했습니다. 따라서 그들은 일단 다락방에 모였습니다. 그리고는 함께 기도하기 시작(1:13-14)했습니다.

그때에 베드로는 기도하던 중에 구약성경에 기록된 본문이[38] 바로 오늘 자신들에게 하시는 말씀이었음을 깨닫게 되었습니다. 1장 20절을 토대로 유추해보자면 그때 당시 베드로에게 깨달음을 주었던 성경구절은 시편 69편 25절("그들의 거처가 황폐하게 하시며 그들의 장막에 사는 자가 없게 하소서")과 시편 109편 25절 후반부("그의 직분을 타인이 빼앗게 하시며")입니

---

37 참고로 1세기 유대인의 세계관에 따르면 부활은 죽은 자의 집단적인 부활이었으며, 세계의 변혁이었습니다. 반면 예수님의 부활은 한 개인의 부활인 동시에, 대표자로 부활의 첫 열매가 되신 사건이었습니다. 부활이 일어났으나 예수님만 부활했다는 점, 세계가 변혁되지 않고 여전히 그대로라는 점은 당시 제자들에게 충격이었습니다. 부활과 관련된 자세한 논의는 김근주, 『구약으로 읽는 부활 신앙』을 참조하십시오.

38 참고로 당시의 초기 기독교 공동체가 가지고 있었던 유일한 성경은 구약성경이었습니다.

다. 오늘날 우리의 시각에 보자면 베드로는 특정 본문에 대한 배경을 꼼꼼히 살피며 학문적인 주해를 시도한 것이 아니었습니다. 그가 암송했던 서로 다른 두 구절이 순간 절묘하게 공명을 이루며 자신들 앞에 주어졌던 사건을 창조적으로 해석하게 만들었습니다.[39] 베드로는 가룟 유다의 배신과 스스로 목숨을 끊은 사건이 하나님의 섭리의 일부였다고 확신하게 되었습니다. 그리고 그는 이어서 시편 109편 25절의 후반부를 그들의 공동체에 걸맞게 적용하기 시작합니다. "항상 우리와 함께 다니던 사람(ἀνήρ) 중에 하나를 세워 우리와 더불어 예수께서 부활하심을 증언할 사람이 되게 하여야 하리라"(1:22). 왜 가룟 유다의 결원을 채워야만 하는 걸까요? 분명하지 않습니다. 뿐만 아니라 당시 다락방에 모인 제자들 중에서는 "여자들과 예수의 어머니 마리아"(1:14)가 있었음에도 불구하고 베드로는 남자(ἀνήρ) 중에 하나를 세워야 한다고 주장합니다. 그 이유 또한 분명하지 않습니다. 하지만 그럼에도 불구하고 베드로의 창조적인 성경해석을 바탕으로 그들은 가룟 유다를 대체할 인물을 사도로 세우기로 결의했습니다. 그리고 거기에 모인 사람들은 두 명을 후보로 선택했습니다. 바로 유스도라고 하는 요셉과 맛디아(1:23)입니다.

---

39   성령은 성경해석에 창조적 영감을 제공하는 원천이기도 합니다. 이에 대한 자세한 논의는 잭 레비슨, 『성령과 신앙』을 참조하십시오.

현재 제자들은 예수님의 부활 사건 이후 새로운 국면을 마주하고 있습니다. 물론 그 어떤 누구도 '교회'라는 새로운 공동체가 탄생할 것이라고는 예측하지 않았을 것입니다. 그럼에도 자신들 앞에 어떤 새로운 사건들이 펼쳐지고 있음을 직감적으로 알았을 것입니다. 더군다나 그곳에 모여 함께 기도하던 사람들 대다수는 베드로의 창조적인 성경해석을 가벼이 듣지는 않았을 겁니다. 어쩌면 그들은 앞으로의 미래를 결정지을 수도 있는 매우 중요한 시점에 서 있던 것인지도 모릅니다. 이후 그들은 거기서 가룟 유다의 대체자로 유스도라고 하는 요셉 혹은 맛디아 중에 한 명을 뽑아야 했습니다. 오늘날로 치면 이는 직분자를 선출하는 과정과 유사합니다. 직분자를 선출하는 과정은 표면적으로는 일반 선거와 크게 차이가 없습니다. 따라서 대다수의 지역교회에서도 직분자를 선출할 때에 인간적인 계산을 하는 경우가 많습니다. 예컨대 찬양대에서 오래 봉사하신 A집사님과 교회학교에서 오래 봉사하신 B집사님이 장로피택선거에서 최종후보로 남았다고 가정해봅시다. 그럴 경우 많은 교우들은 현재 교회의 상황에서 찬양대 봉사자 출신인 A집사님이 더 도움이 될 것인지, 교회학교 봉사자 출신인 B집사님이 더 도움이 될 것인지를 파악합니다.

사도행전 1장에 등장하는 유스도라고 하는 요셉과 맛디

아 중에 한 명을 선출하는 과정도 어떤 면에서는 지극히 인간적이었을 수 있습니다. 혹자는 유스도라고 하는 요셉이 더욱 사도직분에 적합하다고 주장했을 수 있습니다. 또한 반대편에서는 맛디아가 더욱 적합하다고 주장했을 수 있습니다. 이처럼 교회의 리더를 선출하는 과정에서 인간적인 생각은 어쩌면 너무도 당연합니다. 분명 둘 중의 한 명을 사도로 선출해야 했던 그 순간은 (마치 오늘날의 직분자 선거처럼) 갈등이 생겨날 가능성을 품고 있었던 시점이었습니다. 하지만 그때 사도들은 탁월한 리더십을 보여줍니다. 바로 '제비뽑기'의 방식을 선택한 것입니다. 두 명의 적합한 후보를 선출한 이후 인간적인 생각이 틈탈 여지를 닫아버린 것입니다. 마가의 다락방에 모인 예수님의 제자들은 충분히 갈등이 크게 야기될 수도 있던 시점에 탁월한 리더십을 발휘했습니다. 두 명의 후보를 선출하는 과정까지는 그들 스스로가 감당했지만, 이후의 결과는 하나님께 맡겨버린 것입니다. 만약 당시 사도를 선발하는 의사결정 과정 자체에 실수가 틈탔더라면 어땠을까요? 아마도 초기 기독교 공동체가 태동하기도 전에 그들은 분열되었을 것입니다. 유스도라고도 하는 요셉을 지지하는 파와 맛디아를 지지하는 파로 나뉘었을 것입니다. 하지만 그들은 두 후보 중에 특정 후보를 선택하는 의사결정을 직접 하지 않는 것으로 의사결정을 해버렸습니다. 이를 통해 갈등의 불씨를 창조적으로 끌어안아버린 것입니다.

권한을 넘겨주는데 권한을 사용하다

앞서 살펴본 사건은 초기 기독교 공동체가 태동하기 전의 모습입니다. 그들은 베드로의 창조적인 성경해석에 따라 가룟 유다의 대체자를 뽑으려고 했을 때, 공동체를 반으로 나눌 수 있는 갈등의 불씨를 지혜롭게 (갈등을 끌어안는 방식으로) 제거했습니다. 반면 이번에 살펴볼 사건은 초기 기독교 공동체가 태동한 이후 왕성하게 성장하게 되면서 벌어진 사건입니다. 이번 사건에서도 동일하게 우리는 갈등의 조짐을 발견할 수 있습니다. 바로 사도행전 6장에 등장하는 "헬라파 유대인들이 자기의 과부들이 매일의 구제에 빠지므로 히브리파 사람을 원망"(6:1)하는 사건입니다. 이 사건의 배경은 오순절입니다. 오순절은 당대의 중요한 명절이었습니다. 따라서 "경건한 유대인들이 천하 각국으로부터 와서 예루살렘에 머물"(2:5)고 있었습니다. 예루살렘 교회의 왕성한 성장은 바로 여기에서 시작됩니다. 단순히 예루살렘에 거주하는 유대인들뿐만이 아니라 명절을 기념하기 위해 곳곳에서 예루살렘으로 찾아온 디아스포라 유대인들이 오순절 성령강림으로 태동된 초기 기독교 공동체에 합류했기 때문입니다.

F. F. 브루스는 『NICNT:사도행전』에서 '헬라파 유대인들

가운데 많은 사람은 지중해 연안에서 흩어져 살던 디아스포라 유대인들의 땅에 밀접한 관계가 있었던 반면, 히브리파 사람들은 팔레스타인 땅에 살던 유대인[40]이었을 것이라고 구분합니다. 두 집단 사이에는 분명 간극이 있었습니다. 그리고 결국 헬라파 유대인 과부들이 매일의 구제에서 누락되는 일이 발생했습니다. 여기서 한번 상상을 해볼 필요가 있습니다. 오순절을 맞이하여 디아스포라 유대인들 다수가 예루살렘으로 올라왔다가 예루살렘 교회의 멤버로 합류했습니다. 즉, 예상보다 자신들의 집으로 귀환하는 시점이 점점 늦어지고 있었다는 말입니다. 아마도 그로 말미암아 특별히 경제적으로 곤경을 겪는 이들이 있었을 것입니다. 헬라파 과부들이 꼭 그러했습니다. 당시 교회의 구제는 열두 명의 사도들이 담당하고 있었습니다. 하지만 그들은 히브리파 사람들이었습니다. 예루살렘 교회에 뒤늦게 합류한 헬라파 유대인들의 사정을 속속들이 잘 알지 못했습니다. 때문에 헬라파 과부들이 매번 구제에서 누락된 결과가 발생했습니다.

곰곰이 생각해보면 이는 단순히 과부의 구제가 누락된 사건에 대한 문제에 국한되지 않습니다. 초기에 마가의 다락방에 모인 사람들은 모두가 히브리파 사람들이었을 겁니다. 모인 사람들의 숫자는 기껏해야 120명 정도였고 대부분이 서

---

40 F. F. 브루스, 『NICNT:사도행전』, 부흥과개혁사, 161.

로 아는 사람이었습니다. 공동체 구성원들 중에서 서로가 낯선 사람은 거의 없었을 겁니다. 따라서 예수님의 공생에 내내 따라다니던 12명의 사도가 120명의 공동체를 꾸려나가는데는 그리 큰 문제가 없었을 겁니다. 하지만 이제 예루살렘 교회는 너무나 커져버렸습니다. 또한 이제는 히브리파 사람들뿐만 아니라 헬라파 유대인들 다수 또한 교회에 합류했습니다. 열두 사도들은 예루살렘 교회를 감당할 역량이 있었을까요? 아마도 그 역량은 현저히 부족했을 겁니다. 성경이 기록하지는 않지만 꽤 많은 행정적 오차가 있었을 것입니다. 그리고 그 중에 가장 큰 사건이 바로 헬라파 과부들이 구제에서 누락되는 사건이었을 겁니다. 어쩌면 열두 사도들은 예루살렘 교회의 성장을 원망했을지도 모르겠습니다. 헬라파 유대인들이 합류하지 않았다면 결코 일어나지 않을 사건이었으니까요.

공개적으로 헬라파 유대인들이 히브리파 사람, 그리고 현재의 리더인 열두 사도들을 원망(6:1)하기 시작했습니다. 이후 열두 사도들은 재밌는 결정을 내립니다. "접대를 일삼는 것"(6:2)이 아닌 "기도하는 일과 말씀 사역"(6:4)에 전념하기로 한 것입니다. 많은 이들이 이 결정을 두고 더 중요한 일을 위해 하찮은 일을 위임하는 결정이라 해석합니다. 또한 이 본문을 바탕으로 기도하는 일과 말씀 사역이야말로 구제사역보다 더욱 교회가 전념해야 할 사역이라고 생각하는 경우도 있습니다. 하지만 이는 단순히 더 중요한 일을 위해 덜 중요한 일을 아랫사람에게 맡겨버리는 의사결정이 아닙니다. 스데반(6:8-7:60) 및 빌립의 행적(8:4-40)을 참조한다면 당시의 집사는 사도들과 위계 혹은 역할이 구분되지 않는 동등한 사역자[41]개념으로 보는 편이 적절합니다. 뿐만 아니라 성경은 일곱 집사가 당시 교우들에게 "칭찬 받는"(6:3)사람인 동시에 "성령과 지혜가 충만"(6:3)했다고 기록하고 있습니다. 이는 '인격과 신앙이 훌륭했다는 말인 동시에 맡은 업무를 잘 수행할 역량을 갖췄다[42]는 의미입니다. 즉, 열두 사도들은 하찮은 일을 하급자에게 위임한 것이 아닙니다. 오히려 급속도로 성장해가는 예루살렘 교회를 꾸려갈 새로운 지도자들을 선출하는 장면에 가깝습니다. 즉, 열두 사도들은 자신들의 역량 부족을 인정하고 역량이 뛰어난 일곱 명을 선발하여 권력을 위임한 것입니다.

서로 다양한 집단이 있을 때에 집단 간의 주도권 다툼은 너무도 당연한 일입니다. 특별히 세상에서는 서로가 앞장서서 다투며 주도권을 장악하려고 합니다. 왜냐하면 주도권, 즉 권력을 잡아야 해당 조직을 위해 더 많은 일을 행할

---

41   F. F. 브루스, 『NICNT:사도행전』, 부흥과개혁사, 164.

42   요셉, 다니엘, 브살렐과 오홀리압의 경우 또한 동일합니다. 자세한 내용은 잭 레비슨, 『성령과 신앙』을 참조하십시오.

수 있다고 믿기 때문입니다. 하지만 사도행전에 기록된 사례는 전혀 다른 이야기를 전달하고 있습니다. 지금껏 예루살렘 교회 내부에서 헬라파 사람들은 비교적 존중을 받지 못하고 소외되었던 것으로 보입니다. 만약 이후에도 여전히 열두 사도들이 예루살렘 교회의 주도권을 잡고 있었다면 어떻게 되었을까요? 아마도 예루살렘 교회는 나날이 헬라파 사람들과 히브리파 사람들 사이의 장벽이 드높아지기만 했을 것입니다. 이는 결코 교회답지 않은 모습입니다. 따라서 (히브리파 출신의) 열두 사도들은 자신의 권력을 (헬라파 출신의) 일곱 집사에게 위임합니다. 권력을 넘겨주면서 (자신들이 알게 모르게 세워왔던) 장벽을 스스로 무너트린 것입니다. 열두 사도들이 일곱 집사에게 권력을 이양하는데 자신들의 권력을 사용했을 때, 비로소 예루살렘 교회는 교회다운 모습으로 전진할 수 있었습니다.

증명할 수 있는 리더가 필요하다

사역을 시작하면서 저에겐 약간의 꿈이 있었습니다. 교육을 잘하고 싶었습니다. 기독교인으로 갖춰야 할 기본적인 성경 지식과 기독교 및 세상에 대한 이해를 바르게 교육하고 싶었습니다. 또한 담당 부서를 잘 운영하고 싶었습니다. 예산의 사용, 역할의 배치, 시스템의 구성에 이르기까지 모범적인 부서운영의 원칙 및 규범을 확립하고 싶었습니다. 쉽게 말해 탁월하고도 강력한 리더가 되고 싶었습니다. 하지만 쉽지 않았습니다. 먼저는 교육이 쉽지 않았습니다. 교회 안에 모인 지체들이 너무 다양하기 때문이었습니다. 만약 제가 맡은 부서에 모인 고등학생들의 학력수준 전체가 모두 함께 높았다면 참 좋았을 것입니다. 하지만 온갖 인문학과 과학 지식을 섭렵하고 있던 고등학생도, 오래전부터 공부는 포기하고 일찍이 사회생활 준비를 하던 고등학생도 같은 부서 안에 있었습니다. 따라서 특정한 교육목표를 갖고 모두 획일화하여 교육하는 일은 사실상 불가능했습니다. 부서운영 또한 쉽지 않았습니다. 교사들 대다수는 교회학교에만 고용된 직원이 아니었습니다. 각자 직업과 일상이 존재하는 평범한 생활인들이었습니다. 자녀문제, 사업문제, 이사문제 등으로 고민하고 갈등하던 평범한 존재들이었습니다. 따라서 부서운영에 필요한 규범을 빡빡하게 집행하는 것은 사실상 불가능한 일이었습니다. 뿐만 아니라 매년 기존의 교사들이 그만두고 새로운 교사들이 유입되는 경우도 꽤 빈번했습니다. 즉, 교회는 다양한 사람들이 공존하는 공간이었습니다. 다양한 사람들 덕분에 탁월한 교육도, 탁월한 부서운영도 쉽지 않았습니다. 덕분에 탁월한 리더가 되는 일은 멀게만 느껴졌습니다.

하지만 어느 날 저의 인식이 완전히 바뀌는 한 사건이 일어났습니다. 한 교회 내에서 2-3년쯤 사역을 이어갈 무렵 무심코 부장집사님께서 이렇게 말씀하셨습니다. '전도사님이 우리 교회에 오신지 벌써 2-3년의 시간이 흘렀습니다. 그동안 전도사님도 많이 성장한 것 같습니다. 무엇보다도 전도사님께서 나날이 성장하는 모습이 우리 아이들에게 큰 귀감이 되는 것 같습니다.' 저는 탁월하게 교육을 진행하고 탁월하게 부서를 운영해가는 강력한 리더가 되어야만 목회사역을 잘 감당할 수 있다고 생각했습니다. 하지만 교회 내의 다양한 구성원들 때문에 탁월한 교육도 사실상 실패하고, 탁월한 운영도 불가능하다는 사실을 직면하게 되면서 스스로의 목회사역에 물음표가 생겨나던 시점이었습니다. 무엇보다도 제 마음 한편에는 항상 이런 생각이 자리잡고 있었습니다. '좀 더 학벌이 좋은 아이들이 많은 교회로 간다면 더 탁월하게 교육을 할 수 있을 텐데. 좀 더 교회에 헌신된 교사들이 많은 교회로 간다면 더 탁월하게 부서를 운영할 수 있을 텐데.' 저는 교회에 헌신된 교사 및 교회학교에 소속된 학생들을 탓하던 못난 전도사였습니다. 하지만 부장집사님께서 남기신 말씀이 저의 생각을 바꾸어 놓았습니다. 목회자라면 강력하고 탁월한 리더가 되어야 한다고 생각했습니다. 위임받은 부서 전체를 장악하고 이끌어갈 수 있어야 한다고 생각했습니다. 즉, 제가 위임받은 권력을 힘 있게, 효율적으로 집행할 수 있어야 한다고 생각했습니다. 하지만 부서의 교사들과 학생들은 전도사가 과연 전도사다운지를 질문하고 있었습니다. 전도사가 진짜 예수 믿는지를 질문하고 있었습니다. 목회자가 권력을 위임받을만한 자격이 되는지를 질문하고 있었습니다. 저는 교회에서 좋은 목회자가 되기 위해서라면 권력을 사용하는 기술을 두루 갖춘 강력한 리더가 되어야 한다고 생각했습니다. 하지만 제가 깨달은 바는 좋은 목회자는 권력을 위임받을 자격을 갖춘 리더라는 사실이었습니다.

이는 우리가 하나님을 하나님으로 인정하고, 예수님을 하나님으로 인정하는 과정과도 크게 다르지 않습니다. 적어도 우리 그리스도인들은 예수 그리스도의 십자가 사건을 통해서 하나님의 하나님 되심이 최종적으로 계시되었다고 고백합니다. 하나님께서 자신의 독생자를 우리에게 내어주시는 순간, 예수 그리스도께서 자기를 비워 종의 형체를 가지시는 순간, 우리는 하나님의 하나님 되심을 인정했다는 말이기도 합니다. 세상은 리더에게 강력한 리더십을 요구합니다. 리더십이 얼마나 탁월한 기술을 두루 갖췄냐고 묻습니다. 유대인들이 기다리던 메시아 또한 정치적 메시아였고, 군사적 메시아였습니다. 정치적이고 군사적인 역량을 통해 로마제국을 무찌를 수 있느냐가 바로 그들이 요구한 메시아의 자격이었습니다. 하지만 우리 인간들은 탁월한 기술만을 두루 갖춘 리더를 리더로 인정하지 않습니다. 리더로 존중할 수는 있지만 리더로 존경을 표하지는 않습니다. 능력과 기술을 넘어서 인격과 태도를 온전히 갖춘 리더만이 존경을 받습니다. 분명 예수님께서는 이 세상의 메시아로 오셔서 귀신을 쫓아내시고 질병을 고치시고 기적을 행하셨습니다. 즉, 자기 자신이 갖추고 있는 능력과 기술이 범상치 않다는 사실을 드러내셨습니다. 하지만 그럼에도 불구하고 예수님께서 최종적으로 왕좌에 등극하신 순간은 오히려 능력과 기술을 내려놓고 자기 자신을 죽음에 내어줌으로 인격과 태도를 입증한 십자가의 순간이었습니다.

교회를 세우신 분은 귀신을 쫓아내시고 질병을 고치시는 영광의 메시아가 아닙니다. 인류를 위해 자신의 존재를 내어줄 수 있는 고난의 메시아입니다. 마찬가지로 교회를 교회답게 하기 위해 필요한 리더는 고난의 메시아가 걸으신 길을 따라 걸어야 마땅합니다.

"너희 안에 이 마음을 품으라 곧 그리스도 예수의 마음이니 그는 근본 하나님의 본체시나 하나님과 동등됨을 취할 것으로 여기지 아니하시고 오히려 자기를 비워 종의 형체를 가지사 사람들과 같이 되셨고 사람의 모양으로 나타나사 자기를 낮추시고 죽기까지 복종하셨으니 곧 십자가에 죽으심이라 이러므로 하나님이 그를 지극히 높여 모든 이름 위에 뛰어난 이름을 주사 하늘에 있는 자들과 땅에 있는 자들과 땅 아래에 있는 자들로 모든 무릎을 예수의 이름에 꿇게 하시고 모든 입으로 예수 그리스도를 주라 시인하여 하나님 아버지께 영광을 돌리게 하셨느니라"(빌 2:5-11)

나가는 말 : 우리가 망각했던 교회다움을 생각하다

교회 안에는 다양한 구성원들이 존재합니다. 교회는 다양한 구성원들이 함께 묶여있습니다. 따라서 교회 갈등의 원인은 한 개인 한 집단에게 있는 것도 아니며, 교회 안에 일어나는 다양한 갈등은 변수가 아닌 상수입니다. 교회 안의 갈등을 성급하게 해결하려는 접근법은 오히려 교회를 교회답지 못하게 만들 위험이 존재합니다. 따라서 다양한 구성원들 사이의 잠재된 갈등요인은 해결해야 할 문제가 아닌, 적절히 관리하고 지혜롭게 조율해야 할 문제로 여겨야 합니다. 따라서 탁월한 의사결정을 통해 갈등을 재빨리 해결하는 리더십을 요구하는 박세직 집사님의 의견은 적어도 교회에서만큼은 적절하지 않습니다. 그럼에도 불구하고 박세직 집사님의 의견은 결국 교회의 리더십에 대한 고민으로 읽을 수 있습니다. 다양한 구성원들 사이에 공존을 모색해야 하는 교회라면 그에 걸맞은 리더십의 형태 또한 필요하기 때문입니다. 앞서 우리가 살펴본 십자가의 리더십이 바로 그런 형태의 모본입니다. 로마서에서 발견할 수 있었던 약한 자의 (다소 유치해 보이는) 규율을 애써 맞춰주는 모습이 바로 십자가 리더십의 한 형태입니다. 또한 사도행전에서 중요한 사도직분을 세우는 과정에서 사도들이 의사결정의 주도권을 하나님께 넘겨버린 모습과 사도행전 6장에서 열두 사도들이 권력을 더 감당할 역량을 갖춘 일곱 집사들에게 이양하는 모습 또한 십자가의 리더십의 한 형태입니다.

대부분의 교회 구성원은 교회가 어떤 곳인지, 어떤 곳이어야 하는지 잘 모르는 것 같습니다. 교회 또한 회사나 기타 조직처럼 어떤 목표를 성취해야 마땅하다고 생각합니다. 교회건축 혹은 교인 숫자 증가를 달성해야 좋은 교회라 생각합니다. 결국 이는 십자가의 리더십이 부재하기 때문입니다. 십자가의 리더십을 통해 다양한 구성원들의 공존을 모색하는 리더십을 경험하지 못했기 때문입니다. 기껏해야 일반 회사처럼 효율적으로 성과를 달성하는 종교 사업가의 리더십을 경험해왔기 때문입니다.[43] 사실 박세직 집사님의 비판이 다소

---

43   십자가의 리더십, 이른바 권력을 어떻게 선용해야 하는지에 대한 통찰의 내용은 앤디 크라우치, 『사람의 권력, 하나님의 권력』을 참조하십시오.

과녁을 빗나간 이유도 여기에 있습니다. 만약 교회가 이자익 목사님을 위해 자신을 희생할 수 있었던 조덕삼 장로님 같은 십자가의 리더십을 경험한다면 어떨까요? 사도행전 1장 및 6장에서의 열두 사도와 같은 십자가의 리더십을 경험한다면 어떨까요? 분명 처음에는 낯설고 당황스러울 수도 있을 것입니다. 하지만 이내 교인들은 십자가의 리더십을 통해 교회의 이상향을 함께 꿈꾸게 될 것입니다. 이사야 11장에서 말한 바처럼 이리와 어린 양, 표범과 새끼 염소, 송아지와 새끼 사자와 살진 짐승, 암소와 곰, 독사와 젖먹이가 함께 평화롭게 공존하는 곳, 바울이 갈라디아서 3장 28절에서 꿈꾼 것처럼 유대인과 이방인, 그리고 남성과 여성 및 종과 자유인 서로가 차별 없이 함께 그리스도 안에서 하나로 머무는 곳 말입니다. 탕자의 비유(눅 15:11–32)에 보면 첫째 아들과 둘째 아들이 등장합니다. 서로 다른 두 존재 사이에는 미묘한 갈등이 존재합니다. 그래서일까요? 두 아들에게는 아버지가 필요합니다. 마찬가지로 교회에도 아버지와 같은 존재[44]가 필요합니다. 아버지는 떠났다가 돌아온 둘째 아들을 환영합니다. 또한 둘째 아들의 귀환을 불평하는 첫째 아들에게도 손을 내밉니다. 그런 과정을 통해 (양자 모두의) 새로운 정체성을 일깨우며 서로 다른 두 존재를 하나로 묶어냅니다. 교회는 첫

---

44   미로슬라브 볼프, 『배제와 포용』, IVP, 260.

째 아들과 둘째 아들이 공존하는 곳입니다. 서로 다른 존재가 함께 조우하는 공간입니다. 따라서 교회에는 양자에게 끌려다니면서도 서로를 창조적으로 묶어낼 수 있는 아버지와 같은 리더십이 필요합니다.

저는 21살에 소명을 받았습니다. 소명을 받고 나서 다소 늦은 나이인 28살에야 신학교에 편입을 하게 되었습니다. 소명을 받았기 때문에 신학을 했지만, 저의 마음 한편에는 교회를 변화하고 개혁하고 싶은 열망으로 가득했습니다. 저에게 교회는 다소 천박해보였습니다. 지나치게 감정적 에너지가 소모되는 곳이었으며, 그다지 중요하지 않은 문제로 말미암아 끝없이 다투는 곳이었습니다. 뿐만 아니라 교회건축, 교회이전, 담임목사 청빙과 같은 교회의 미래를 결정하는 사안을 앞두고는 답이 없는 싸움을 하다가 교인들이 찢어지거나 혹은 마음이 찢어지는 답답한 곳이 바로 교회였습니다. 그래서 저는 교회를 바꿔놓고 싶었습니다. 제대로 가르치고 제대로 지도하고 싶었습니다. 그렇습니다. 박세직 집사님의 비판은 곧 저의 비판이었습니다. 담임목사가 똑바로 가르치고 지도한다면, 적어도 당회의 장로가 똑바로 서 있다면 교회는 지금의 모습보다 훨씬 나아질 수 있다고 믿었습니다. 하지만 이후 목회 과정을 통해 제가 마주한 것은 교회 안에 속해 있던 다양한 모습들의 사람들이었습니다. 다 각자 고유의 사연을 갖고 있는 사람들이 교회라는 공동체에 함께 묶여있었습니다. 그리고 이후 저는 점점 교회란 곳은 갈등을 해결해야만 하는 곳이 아니라, 적절히 갈등을 관리해야 하는 곳임을 알게 되었습니다. 겉으로 보기에 볼품없는 모습을 개혁해야만 하는 기관이 아니라, 오히려 다양한 파열음을 끌어안고서 우리를 하나로 묶으신 하나님의 섭리와 신비를 고백하는 신앙 공동체라는 사실을 조금씩 알아가기 시작했습니다. 저는 그렇게 뒤늦게야 교회를 이해하게 되었던 것입니다.

이번 챕터에서 저는 바울서신 및 사도행전에 등장하는 몇몇 본문 속에서 박세직 집사님의 비판의 부당함을 지적하면서도, 박세직 집사님 같은 분들이 기다리고 있는 십자가의 리더십에 대한 열망을 읽어내려고 시도했습니다. 다만 유의할 것이 있습니다. 편의상 십자가를 실천하는 리더십을 다루면서 저는 목회자를 주로 염두에 두었습니다만, 십자가의 리더십이 비단 목회자만의 전유물은 아닙니다. 십자가의 리더십은 높은 권한과 직위가 있어야 집행할 수 있는 것이 아닙니다. 십자가의 리더십은 리더가 갖춰야 할 기술이 아니라 삶에서 실천하는 삶의 태도이며 영성입니다. 자기 자신을 선물로 내어주는 삶의 태도, 약한 자들을 위해서라면 언제든지 시선을 낮출 수 있는 삶의 자세입니다. 이것이 결국 다양한 구성원들을 하나로 묶는 유일한 동력이 될 것입니다. 마지막 그 날에 우리는 하나님 앞에서 "각 나라와 족속과 백성과 방언에서 아무라도 능히 셀 수 없는 큰 무리"(계 7:9)로 존재하게 될 것입니다. 각자 인종이 다르고, 나라가 다르고, 성별이 다르고, 살아온 사연이 다르지만 예수 그리스도 안에서 우리는 하나일 것입니다. 이를 함께 소망하는 곳이 교회입니다. 서로가 십자가를 통해 서로 다른 존재를 이해하고 하나 되어가는 교회다운 교회를 꿈꿔봅니다. 무엇보다도 목사님께 강력한 리더십을 요구했던 박세직 집사님 같은 분들이 각 지역 교회 안에서 교회를 하나로 묶어내는 십자가의 리더십으로 활약할 수 있기를 소망해봅니다.

더하는 말 : Keyword - '주도권'

초기 기독교 공동체 시절부터 갈등은 항상 있었습니다. 헬라파 과부가 구제에서 누락되는 문제를 놓고 다퉜고, 이방인 그리스도인들이 할례를 받아야 하느냐의 문제를 놓고 다퉜습니다. 또한 선교과정에서도 바나바와 바울은 마가를 두고 각자 다른 방향으로 갈라졌습니다. 각자 다른 의견을 가진 다양한 사람들이 함께 '공존'하고 있기 때문에 벌어지는 일입니다. 헬라파 사람들과 히브리파 사람들이 공존하지 않았더라면 다투지 않았을 것입니다. 이방인 그리스도인들이 복음을 듣고 교회 안으로 들어오지 않았더라면 다투지 않았을 것입니다. 뿐만 아니라 그들은 모두 '진심'이었습니다. 전도여행이라는 대의를 놓고 바울과 바나바는 각자 진심으로 진지하게 고민했습니다. 이방인 그리스도인들의 유입을 두고 베드로와 야고보 또한 매우 진심으로 진지하게 고민했습니다. 헬라파 과부의 구제 누락사건 또한 교회라는 하나님의 백성 공동체가 행하는 '구제' 사업에 모두 진심이었기 때문에 발생한 다툼이었습니다. 우리는 여기서 다툼이 일어나는데 필수적인 두 가지 요소를 발견합니다. 바로 '공존'과 '진심'입니다. 이는 오늘날 교회도 마찬가지입니다. 교회가 수많은 일로 다툴 때마다 공통적으로 발견되는 요소입니다.

교회의 중요한 문제 앞에서 다툼이 심화되는 이유는 각자가 '진심'이기 때문입니다. 각자 모두 주인의식을 갖고 '진심'으로 문제에 직면하려 하기 때문입니다. 따라서 교회가 다투는 과정은 서로의 진심에 담긴 열정과 애정을 확인하는 순간이기도 합니다. 뿐만 아니라 '진심'을 갖고 있음에도 다투는 이유는 우리 서로가 각각 (한 몸의) 다른 지체이기 때문입니다. 눈은 본 바에 입각해 판단하고, 코는 맡은 바에 입각해 판단하고, 귀는 들은 바에 입각해 판단합니다. 만약 교회 안에 눈만 있다면 혹은 코나 귀만 있다면 우리는 '진심'이 있음에도 다투지 않겠지요. 따라서 교회가 다투는 과정은 교회라는 한 몸 안에 눈도 있고, 코도 있고, 귀가 있음을 서로 발견하는 순간이기도 합니다. 지금 현재 갈등의 국면에서는 나와 의견이 달라서 기분 나쁠 수 있겠습니다만 교회라는 공동체의 관점에서 보면 매우 감사한 일입니다. 다양한 지체들이 각자 '진심'을 갖고 '공존'하고 있다는 점은 적어도 우리 공동체가 '교회답다'는 출발점일 테니까요. 하지만 그럼에도 불구하고 다툼은 우리를 힘겹게 합니다. 서로를 지치게 만들고, 서로에 대한 나쁜 감정을 불러일으킵니다. 그 이유는 무엇일까요? 바로 '주도권'에 대한 다툼 때문입니다.

담임목사 청빙을 두고 A목사님을 지지하는 집단과 B목사님을 지지하는 집단이 갈라질 수 있습니다. 또한 교회이전 문제를 놓고 찬성파와 반대파가 갈라질 수 있습니다. 단순히 '의사결정'의 관점에서만 본다면 간단한 문제일 수도 있습니다. 어떤 의사결정이 가장 합리적이고 최선인지 가려내면 될 문제니까요. 원칙을 바로 세우고, 원칙에 근거한 가장 적절한 의사결정을 내리면 됩니다. 하지만 보통 교회 안의 의사결정은 그렇게 흘러가지 않습니다. A목사님을 지지하느냐 B목사님을 지지하느냐가 단순히 좋은 목사님을 모셔오자는 갈등이라면 쉽게 끝날 것입니다만, 대부분의 갈등 속에서는 다른 목사님을 지지하는 개인 혹은 집단에게서 주도권을 빼앗고

자 하는 욕망이 작동되는 경우가 빈번합니다. 즉, A목사님을 모시던 B목사님을 모시던 관심이 없습니다. 단지 (내가 반대하는) 저 사람 혹은 저쪽 집단이 주장하는 바만 기각될 수 있다면, 그렇게 해서 교회 전체의 주도권을 움켜쥘 수만 있다면 좋겠다는 생각으로 갈등이 심화될 때가 빈번합니다. 사실 이는 갈라디아교회 내에서 유대인 그리스도인이 이방인 그리스도인에게 할례와 음식법, 그리고 절기와 안식일 준수를 요구하면서 꾀했던 것과 똑같습니다. 또한 고린도교회 내에서 은사주의자들 혹은 로마교회 내에서 강한 자들이 자신들의 '주도권'을 더욱 굳건히 하기 위해 교회 질서를 그들 중심으로 세워갈 때 일어났던 일과 똑같습니다. 두 번째 챕터는 의도적으로 '주도권'을 두고 다투는 교회 내의 갈등을 묘사하고, 그 해결책으로 매우 세속적인 방식이 장려되는 교회 현실을 지적하려 했습니다.

보통 주도권 다툼 속에서 장려되는 간편하고도 손쉬운 해결책은 '목사'가 주도권 전체를 장악하는 것입니다. 영적 카리스마건, 지적 탁월함이건, 목사 중심으로 교회가 운영되어야 교회 내의 다툼이 근원적으로 해결될 수 있다는 생각이 (성도들 사이에도, 목사들 사이에도) 만연합니다. 두 번째 챕터에서 묘사된 박세직 집사는 다소 극화된 캐릭터입니다. 하지만 그가 담임목사에게 강력한 리더십을 열망하는 모습은 꽤 흔하게 찾아볼 수 있습니다. 일반 교인들은 물론이고, 중직자들도 요구하는 바이며, 대다수의 목사들 또한 강력한 리더십을 갖기를 소망합니다. 그리고 실제 담임목사의 강력한 리더십은 부흥하고 성장하는 성과로 이어지곤 합니다. 하지만 이와 같은 강력한 리더십에 의한 부흥과 성장은 결국 교회공동체의 획일화로 이어집니다. 유대인과 이방인, 남성과 여성, 종과 자유인이 공존해야 하는 교회에는 어느새 자유를 가진 남성 유대인 밖에 남지 않게 됩니다. 혹은 다들 자유를 가진 남성 유대인 흉내를 내게 되던가요. 따라서 두 번째 챕터를 통해서는, 갈등이 완전히 해소된 획일화된 집단과, 갈등의 조짐이 남아있는 다양성 있는 집단 중에 어떤 집단이 더욱 교회답냐고 묻고 싶었습니다. 만약 갈등이 완전히 해소된 획일화된 집단이 되고 싶다면 교회는 강력한 리더십 하에 일사불란하게 움직이는 것이 마땅할 것입니다. (하지만 그곳이 교회답다고 말하긴 힘들겠지요) 하지만 갈등의 여진이 남아있더라도 다양성 있는 존재들이 그리스도 안에서 공존하는 교회를 꿈꾼다면 우리는 다른 길을 선택해야 마땅할 것입니다.

저는 문득 이런 꿈을 꿔봅니다. 장로님은 목사님을 위해 고민하고, 목사님은 장로님을 위해 고민하는 당회의 꿈을 그려봅니다. 그곳에는 분명 장로님과 목사님이 서로 평화롭게 공존하는 당회가 세워질 것입니다. 또한 노년 세대는 젊은 세대를 위해 고민하고, 젊은 세대는 노년 세대를 위해 고민하는 교회의 꿈을 그려봅니다. 그곳에는 분명 노년 세대와 젊은 세대가 기쁨으로 함께 세워진 교회다운 교회가 세워질 것입니다. 사실 이는 막연한 꿈에 지나지 않습니다. 바울이 세워갔던 교회가 꼭 그러했기 때문입니다. 이방인의 권리를 위해 고민했던 유대인 바울 때문에, 갈라디아교회에서 이방인과 유대인은 공존할 수 있었습니다. 은사주의자가 아닌 이들의 권리를 위해 고민했던 은사주의자 바울 때문에, 고린도교회에서 은사주의자와 은사주의자가 아닌 이들이 공존할 수 있었습니다. 교회는 어떤 곳이어야 할까요? 바로 서로가 서로를 위해 존재하는 공동체여야 마땅합니다. 주도권을 잡은 사람들이 있다면 그들은 과감하게 다른 이들을 위해 자신의 주도권을 내어줄 수 있는 공동체가 바로 교회입니다. 각자 서로 '다름' 속에 있더라도, 서로의 '진심'을 존중하며 공존을 모색하는 진정 '그리스도의 몸' 다운 교회를 상상해봅니다.

chapter 3

우리들이
교회답지 않아!

현지우(70)

#지금껏_교회의_모든_일에_관여했던_슈퍼_권사
#교회역사에는_현권사님의_손길_안_닿은_곳이_없다
#하지만_은퇴_시기를_앞두고는_후회중
#교회를_위한다_했던_열심이_교우들에게_상처를_남겼다
#서로_상처를_주던_우리의_열심은_신앙적이었을까
#교회를_위한다면서_상처만_주고_받는
_우리는_교회일_수_있을까

"내 지금껏 그토록 열심히 교회를 위해 일해왔습니다!

교회 역사의 중요한 순간마다 내가 있었지요.

자랑이냐고요? 아닙니다.

후회하고 있어요.

내 교회를 위해 일한다고 생각하면서

너무 많은 형제자매들에게 상처를 줬어요.

더 사랑하지 못하고 이해하지 못한

지난 날들이 너무나 후회됩니다."

우권사, 나 현권사입니다.

우리 우권사가 중학생이었던 시절이 여전히 생생해요. 참 예뻤어요. 신앙도 좋고. 내가 그때부터 우권사를 위해 기도했었죠. 벌써 시간이 참 많이 지났습니다. 여전히 내 눈에는 소녀 같은 우권사가 지난주에는 권사임직을 받았지요? 나도 같은 날에 은퇴를 하게 되었고요. 못난 늙은이 권사가 떠나니 똘똘하고 다재다능한 우리 우권사가 오는군요. 이 늙은이는 아주 든든하답니다.

우권사도 알다시피 내가 참 교회를 위해 열심히 살았어요. 내이 교회를 위해 처음 식당봉사 할 때가 생각납니다. 다 쓰러져가던 간이주방에서 200인분의 국수를 삶았지요. 어제는 교회를 다녀왔어요. 주방도 식당도 가봤습니다. 옛날 기억이 다 떠올라요. 간이주방을 허물고 교회건물로 들어오던 날, 식당자리가 부족해서 밖에 간이테이블로 국수를 나르던 날, 결국 교회건물도 새롭게 짓고 지금의 식당과 주방을 갖게 되던 날까지. 내 그 모든 일에 솔선수범했던 건 우권사가 잘 알 겁니다.

그런데 요즘 나는 부끄러워요. 15년 전인가 식당 이전 문제를 놓고 한권사랑 심하게 싸운 거 잘 모르죠? 그 이후로 한권사 남편 표정이 안 좋더니 어느새 교회를 안 나옵니다. 내 그때는 교회를 위한 결정이라고 생각했는데 결국 한 사람이 나 때문에 실족했던 거예요. 한권사 남편만 실족한 게 아닙니다. 몇 년 전부터 기도하면 내가 상처줬던 교회 식구들 얼굴이 자꾸 떠오릅니다. 내 교회를 위해 열심히 산다고는 했는데 결국엔 그들에게 상처만 줬던 거예요. 권사를 은퇴할 때가 되니 우리 하나님 아버지가 회개하라고 그 사람들 얼굴 보여주는 것만 같아요. 요즘은 내가 권사가 맞나, 나 같은 사람에게 권사 직분을 준 교회가 교회 맞나 그런 생각하며 삽니다. 허허 내 우권사 앞에서 못하는 말이 없네요.

그래서 다음 달부터는 우리 아들이 살고 있는 곳에 몇 달 다녀올까 해요. 거기 가서 그동안 살아왔던 삶에 대해 반성을 좀 할 참입니다. 내 다시 돌아오면 그때는 상처줬던 교회 식구들 일일이 찾아다니며 선물도 주고 미안하다고 용서를 구해보려고요. 그때까지 우권사 위해서 내 기도할 테니까, 우권사도 이 어리석은 늙은이를 위해 기도해주세요. 다시 돌아와서 봅시다. 그때까지 교회 잘 지켜주세요. 우권사만 믿습니다.

나와 같은 실수를 반복하지 않기를 바라는 마음을 담아
현지우 권사가 드립니다

들어가는 말 : 다투던 우리는 그리스도인답지 않았다

교회는 항상 다툽니다. 다양한 사람들이 모였기 때문입니다. 중요한 의사결정을 함께 해야 하기 때문입니다. 무엇보다도 다들 교회에 대해 진심이기 때문입니다. 다들 교회를 사랑하고 아끼기 때문입니다. 앞서 두 번째 챕터에서는 담임목사 혹은 장로들의 카리스마 있는 리더십만으로는 다툼 자체를 중단하거나 해결할 수 없다는 점을 살펴보았습니다. 다양한 구성원의 공존을 추구하는 교회의 특성상 다툼은 변수가 아닌 상수일 테니까 말입니다. 분명 교회 자체의 특수성을 구조적 관점에서만 본다면 다툼은 큰 일이 아닙니다. 오히려 교회가 더 나은 방향으로 나아가고 우리 모두가 성숙해질 수 있는 좋은 계기가 될 수 있습니다. 하지만 정말 그런가요? 특별히 다툼에 연루된 개인의 관점에서만 본다면 꼭 긍정적인 것만은 아닙니다.

교회 안의 중요한 사안을 결정할 때면 각자의 의견차이가 있습니다. 교회 주보를 새롭게 만들 때면 2단 주보를 선호하는 사람과 3단 주보를 선호하는 사람의 의견이 다를 수밖에 없습니다. 물론 이런 정도의 의견차이가 큰 문제로 옮겨붙진 않습니다. 제비뽑기를 해서 정해도 될 문제이고, 가위바위보를 해서 정해도 될 문제입니다. 혹은 누군가가 십자가의 리더십을 실천한다면 쉽게 해결될 문제입니다. 하지만 더 중요한 문제라면 어떨까요? 교회건물을 이전하는 문제, 교회가 새롭게 리모델링 한다거나 시설물을 만드는 문제, 혹은 교회가 새롭게 건축하는 문제라면 어떨까요? 이런 중요한 문제 앞에서 응당 의견대립은 과열되기 마련입니다. 그리고 가끔은 걷잡을 수 없는 갈등으로 번지기도 합니다. 『극한 갈등』의 저자 아만다 리플리는 갈등 자체를 촉진하는 원인 중 하나로 집단 정체성[1]을 꼽습니다. 상대는 애초에 나와는 조금은 다른 의견을 주장하는 (하지만 함께 그리스도 안에 있는) 동역자였습니다. 하지만 어느새 그들은 교회의 미래를 망칠 수 있는 사악한 집단(혹은 멍청한 집단)의 구성원으로 보입니다. 그에 반해 내게는 교회의 미래를 밝히 열어줄 의로운 집단(혹은 현명한 집단)의 구성원이라는 소명감이 생겨납니다. 단순한 의사결정을 위한 논의가 이제는 정체성을 두고 대립하는 전쟁으로 커

---

1   아만다 리플리, 『극한 갈등』, 세종, 174.

져버린 것입니다.

문제는, 인간이 편향적이라는 것입니다. 인간은 편향적이기에 자신의 실수를 쉽게 알아차리지 못합니다. 교회의 미래를 위해 진지한 토론을 벌이는 것이 아니라, 상대집단을 박멸하는 전쟁을 벌이고 있음을 알아차려야 하는데 그러질 못합니다. 더군다나 교회 안에는 이와 같은 진지한 토론이 (상대를 박멸하는) 격전으로 변질될 때에 악용되기 쉬운 수많은 언어적 자원들이 있습니다. 상대가 어느새 사탄의 조종을 받게 되었다거나, 적그리스도에게 속았다거나, 미혹의 영에게 씌었다거나 등등 말이죠. 그리고 나의 주장이 상대의 주장을 꺾는 결과가 계속 이어지면, 또한 내가 지지한 결과가 실제 좋은 성과로 이어진다면, 어느새 깊은 편향에 빠져 자신의 잘못을 보지 못하는 경우가 태반입니다. 교회의 미래를 위한 (다양한 의견을 듣기 위한) 진지한 토론이 한낱 자신의 정체성을 지키기 위한 집단 간의 전쟁으로 바뀌었음에도 불구하고, 어느새 항상 하나님의 편에 서서 박해를 당하면서도 하나님의 일을 했다는 자부심으로 이어지는 경우가 태반입니다.

앞서 새롭게 임직 된 까마득한 후배 우권사님께 편지를 보낸 현권사님이 아마 그런 경우는 아닐까요? 지금껏 25년의 권사생활 동안 현지우 권사님은 수많은 교회의 의사결정에 적극적으로 참여했을 겁니다. 간이주방에서 국수를 끓일 때에는 간이주방이 개선해야 할 사항에 대해 적극적으로 의사 표현을 했을 겁니다. 그리고 점점 교회가 커지자 그에 걸맞게 건물 내부를 수리하여 주방과 식당을 만들어야 한다고 목소리를 높였을 겁니다. 이후 교회를 새롭게 건축할 때, 새로운 담임목사님을 모실 때 등 교회의 수많은 대소사를 앞두고 나름의 의견을 적극적으로 표명하셨을 겁니다. 물론 기도를 했겠지요. 숙고도 했을 겁니다. 또 많은 의견들이 현명한 의견이었을 수 있을 겁니다. 하지만 몇몇 국면에서 현지우 권사님은 상대를 사탄에게 조종당한다고 생각했던 우를 범했습니다. 의견이 다르지만 여전히 존중해야 할 형제자매로 여기지 않았습니다. 교회의 발전을 가로막는 악당으로 여기곤 했습니다. 그래서인지 분명 실족시킨 교우들이 있었을 것이고, 은퇴를 앞두고서야 비로소 자신의 과오들이 보이기 시작했습니다.

문제는 바로 여기서 발생합니다. **교회의 중요한 의사결정을 위해 힘껏 애써왔던 나 자신이 사실은 그리스도인답지 않았다**는 사실을 알게 된 것입니다. 겉으로 볼 때에는 25년 간 교회를 위해 애를 써오신 권사님이라며 대우를 받고 은퇴했지만 그제야 진지하게 성찰해 본 자신의 삶은 결코 아름답지 않았습니다. 진정한 그리스도인처럼 관용을 베풀고 상대를 존중하지 않았습니다. 중요한 의사결정 앞에서 상대를 사탄 취급한 적이 분명 있었습니다. 그렇다고 자신만 그런 것도 아니었습니다. 중요한 의사결정을 하던 중직자들 대부분이 자신과 크게 다르지 않았습니다. 하물며 존경하던 목사님들 또한 크게 다를 바가 없었습니다. 왜 꼭 중요한 결정 앞에서만큼은 다들 그리스도인답지 않을까요? 교회의 리더들 대다수가 그렇다면, 그리스도인답지 않은 우리 모두의 모임은 정말 교회일 수 있을까요? 의사결정 과정 가운데서 상대를 존중하지 않고, 상대의 의견을 무시하고, 때로는 상대를 의심했던 우리는 정말 교회일 수 있을까요? 그 사실을 직면하게 된 현지우 권사님은 부끄러웠습니다. 은퇴권사님이라는 대우를 받으며 교회에 다니는 것이 어쩌면 무척 민망했을 겁니다. 때문에 아들을 핑계 삼아 잠시 다른 곳으로 떠나셨는지도 모르겠습니다.

교회에 대해 다시 숙고해봅시다

베드로 위에 교회를 세우겠다

전혀 그리스도인답지 않았던, 그래서 상대를 실족하게 만들었던 나 자신을 그리스도인이라 부를 수 있을까요? 또한 교회 안의 대부분의 그리스도인들이 나 자신과 크게 다르지 않다면, 전혀 그리스도인다움을 찾아볼 수 없는 우리들의 모임을 교회라 부를 수 있을까요? 무엇보다도 교회를 위해 애써왔고, 교회 안에 교우들마저도 참 많이 헌신해왔다며 인정하는 분위기라면 이 질문은 결코 고개를 들 수 없는 부끄러움으로 이어질 것입니다. 바로 현지우 권사님께서 지금 겪고 있는 문제입니다. 물론 전혀 자격 없는 나 자신을 예수 그리스도의 십자가로 하나님의 자녀 삼으셨다는 사실은 너무나 잘 알고 있습니다. 하지만 그럼에도 계속해서 그 질문이 나 자신을 괴롭힙니다. 그리스도인답지 않은 나 자신을 그리스도인이라 부를 수 있을까요? 그리스도인답지 않는 사람들이 모여 있는데 과연 우리의 모임을 교회라 부를 수 있을까요?

이에 대한 고민과 함께 엮어서 숙고해볼 수 있는 좋은 본문이 하나 있습니다. 예수님께서 교회를 세우실 때에 어떤 마음으로 세우셨는지, 어떤 것들을 요구하셨는지를 살펴볼 수 있는 본문입니다.

"또 내가 네게 이르노니 너는 베드로(πέτρος)라 내가 이 반석 (πέτρα) 위에 내 교회를 세우리니"(마 16:18a)

예수님께서 직접 **베드로(πέτρος)라는 반석(πέτρα) 위에 교회를 세우겠다** 약속하신 말씀의 맥락을 조금은 꼼꼼히 살펴볼까 합니다. 우리는 이를 통해서 분명 현지우 권사님의 고민에 대한 적절한 해답과 조우할 수 있을 것입니다.

마태복음 16장 18절은 가톨릭교회의 해석과 개신교회의 해석이 극명하게 갈라지는 본문 중의 하나입니다. 가톨릭교회는 베드로(πέτρος)라는 반석(πέτρα)의 의미를 교황청과 교황직[2]에 대한 약속의 말씀으로 여깁니다. 베드로는 초대교황을 상징하며 이후에 가톨릭교회 교황은 모두 베드로에게 위임된 교회의 (그리스도를 대신하여 교회 전체를 대표한다는 의미의) 수위권을 가진다[3]는 겁니다. 말 그대로 가톨릭교회는 해당 말씀을 **'베드로'라는 한 개인 위에다 교회를 세우시겠다**는 약속의 말씀으로 이해한 것입니다. 반면 개신교 전통에서는 베드로(πέτρος)라는 반석(πέτρα)의 의미를 16절에 등장하는 베드로의 신앙고백("주는 그리스도시요 살아계신 하나님의 아들이시니이다")과 연결 짓습니다. 그렇다면 개신교회와 가톨릭교회의 논점은 명확해집니다. 예수님께서는 베드로라는 한 개인의 인격 위에다가 교회를 세우신 것일까요? 아니면 베드로라는 한 개인의 신앙고백 위에다가 교회를 세우신 것일까요?

---

2   다니엘 J. 해링턴, 『Sacra Pagina:마태오복음서』, 384.

3   다니엘 J. 해링턴, 『Sacra Pagina:마태오복음서』, 384.

해당 본문을 둘러싼 해석 논쟁은 분명 팽팽합니다만 의외로 어렵지 않습니다. 사실 가톨릭교회와 개신교회의 해석 논쟁은 당대 종교개혁의 정당성이라는 맥락에서 발생한 논쟁이기 때문입니다. 개신교회는 종교개혁과 함께 '베드로'에게 계승받은 교황만이 교회를 세울 수 있는 존재가 아님을 주장해야 했습니다. 따라서 개신교회는 해당 본문을 '베드로'라는 개인보다는 (베드로가 아닌 누구라도 할 수 있는) 베드로의 '신앙고백'에 방점을 찍었습니다. 반면 가톨릭교회는 해당 본문의 방점을 베드로라는 개인에게 두어야만 현재 교황의 권위가 종교개혁으로부터 보호되는 측면이 있었습니다. 달리 말하면 그들은 본문의 진의(眞意)를 해석하는 논쟁을 했던 것이 아니라 가톨릭교회가 정당한 교회냐 혹은 개신교회가 정당한 교회냐의 논쟁을 하고 있었습니다. 따라서 우리는 가톨릭교회가 정당한가 혹은 개신교회가 정당한가의 논쟁에서 한 걸음 떨어져서 해당 본문의 진의(眞意)를 살펴볼 필요가 있습니다. 마태복음의 저자가 꾹꾹 눌러담은 마태복음 고유

의 의미가 있기 때문입니다.[4]

다시 본문으로 돌아가봅시다. 베드로(πέτρος)라는 반석 (πέτρα) 위에 교회를 세우겠다는 말씀은 본문 그 자체로 언어유희를 담고 있습니다. 두 단어를 하나로 의미상 엮어버린 겁니다. 따라서 추가적인 해석을 가미하지 않는다면 본문 그 자체의 의도는 (마치 가톨릭교회의 해석처럼) **교회를 베드로 위에 세우겠다**[5]는 겁니다. 우리는 여기서 이렇게 질문해야 합니다. 베드로의 무엇 때문에 예수님께서는 베드로 위에 교회를 세우시겠다고 한 것일까요?

반석과 돌밭 위에 교회를 세우겠다

현재 우리는 마태복음 16장 18절에서 (가톨릭교회와 개신교회 사이 논쟁의 맥락이 아닌) 마태복음 저자가 의도한 메시지를 읽

---

4   성경에는 네 권의 복음서가 있습니다. (물론 정경 바깥에도 위경일 가능성이 높은 다른 복음서들이 존재합니다) 그 중에 마태, 마가, 누가는 공통의 관점을 공유하고 있어서 공관(共觀)복음이라고 묶습니다. 그렇다면 공통의 관점을 공유하고 있으면서도 애써 다른 복음서가 필요했던 이유는 무엇일까요? 학자들의 추정에 따르면 아마도 다른 두 복음서는 최초의 복음서(마가복음 혹은 마태복음)를 참조하여 수정보완을 했을 것이라 추정합니다. 즉, 각 저자별로 동일한 예수님을 증언하면서도 각자가 고민한 특별한 메시지를 담아내려고 애를 쓴 것입니다. 따라서 병행본문이라 하더라도 상호비교를 통해 (가능하다면) 해당 복음서만의 특별한 관점과 메시지를 발견할 수 있습니다.

5   "그러나 베드로의 신앙고백이 아니라, 베드로에게 이 은유가 적용된다." R. T. 프랜스, 『TNTC:마태복음』, CLC, 416.

어내고자 합니다. 이를 위해서는 본문을 마태복음 맥락 안에서 꼼꼼히 살펴야 합니다. 먼저 우리가 마태복음 맥락에서 살필 단어가 있습니다. 바로 반석(πέτρα)이라는 단어입니다. 예수님은 반석(πέτρα) 위에다가 교회를 세우시겠다고 말씀하셨기 때문입니다. 먼저 마태복음에서 반석(πέτρα)이라는 단어를 검색하면 마태복음 7장 24-25절 본문이 등장합니다.

"그러므로 누구든지 나의 이 말을 듣고 행하는 자는 그 집을 반석(πέτρα) 위에 지은 지혜로운 사람 같으리니 비가 내리고 창수가 나고 바람이 불어 그 집에 부딪치되 무너지지 아니하나니 이는 주추를 반석(πέτρα) 위에 놓은 까닭이요"(마 7:24-25)

본문의 핵심은 "예수님의 말씀을 듣고 행하는 자"(7:24)는 마치 반석 위에 세워진 굳건한 집과 같다는 겁니다. 그렇다면 우리가 여기서 한 가지 추측을 해볼 수 있습니다. 예수님께서 반석(πέτρα) 위에다가 교회를 세우시겠다고 말씀하신 것은 먼저는 **예수님의 말씀을 듣고 행하는 사람들 위에다가 교회를 세우시겠다**고 말씀하신 것은 아닐까요? 예수님의 가르침에 충실하지 않는 교회는 교회일 수 없을 테니까요.[6]

---

6 "예수와 그의 가르침에 대한 영구적인 잇대임이 없는 교회는 교회일 수 없다." 울리히 루츠, 『마태공동체의 예수이야기』, 대한기독교서회, 129.

하지만 여기서 매듭짓지 말고 한 걸음 더 나아갑시다. 반석(πέτρα)이라는 단어와 동일한 어근을 공유하는 돌밭(πετρώδης)이라는 단어 또한 살필 필요가 있기 때문입니다. 해당 단어는 마태복음 13장 5절과 20절에 등장합니다.

"더러는 흙이 얕은 돌밭(πετρώδης)에 떨어지매 흙이 깊지 아니하므로 곧 싹이 나오나"(마 13:5)

"돌밭(πετρώδης)에 뿌려졌다는 것은 말씀을 듣고 즉시 기쁨으로 받되"(마 13:20)

우리가 잘 알고 있는 예수님의 씨 뿌리는 비유에 등장하는 단어입니다. 돌밭은 "흙이 깊지 아니하므로 곧 싹이 나오나 해가 돋은 후에 타서 뿌리가 없으므로"(13:5-6) 말라버리는 밭입니다. 이는 예수님께서 비유를 풀어 말씀하시길 "말씀을 듣고 즉시 기쁨으로 받되 그 속에 뿌리가 없어 잠시 견디다가 말씀으로 말미암아 환난이나 박해가 일어날 때에는 곧 넘어지는 자"(13:20-21)라는 의미입니다. 동일한 어근의 단어임에도 돌밭(πετρώδης)은 반석(πέτρα)과 전혀 상반되는 이미지를 갖고 있습니다. 반석(πέτρα)은 **예수님의 가르침을 듣고 행하는 사람들**을 가리킨다면, 돌밭(πετρώδης)은 **말씀을 듣고 기뻐하지만 즉각 넘어지는 사람들**을 가리킵니다. 동일한 어근의 두 단어가 전혀 상반되는 이미지를 갖고 있다는 점이 흥미롭지 않으신가요?

더 흥미로운 것은 돌밭에 대한 예수님의 해설입니다. 마치 우리가 잘 알고 있는 한 사람(베드로)을 묘사하는 것처럼 해설을 달고 있기 때문입니다. 우리가 살펴본 마태복음 16장 18절의 맥락이 바로 돌밭에 대한 예수님의 해설과 거의 일치합니다. 베드로는 매우 자신 있게 예수님께 신앙을 고백했습니다.

"주는 그리스도시요 살아계신 하나님의 아들이시니이다"(16:16)

마치 말씀을 듣고 즉시 기쁨으로 반응하는 사람 그 자체입니다. 하지만 고작 6절이 채 지난 시점에 베드로는 예수님의 십자가 사역을 방해하고 있습니다.

"주여 그리 마옵소서 이 일이 결코 주에게 미치지 아니하리이다"(16:22)

16절만 하더라도 말씀을 듣고 즉시 기쁨으로 반응하는 사람이었던 베드로는 (고작 5절 후에) 등장한 말씀으로 인하여 환난이나 핍박을 가리키는 '십자가'에 대한 말씀(16:21) 앞에서 줄행랑을 치고 있습니다. 베드로는 그 존재 자체가 돌밭(πετρώδης)입니다. 하나님의 말씀을 (처음에는) 기쁨으로 받되 (끝내) 환난과 핍박 앞에서는 도망치는 존재입니다.

그렇다면 예수님께서 베드로(πέτρος)라는 반석(πέτρα) 위에 교회를 세우시겠다는 말씀은 그 자체로 상당한 의도를 품고 있는 말씀이라 생각해볼 수 있습니다. 예수님의 교회는 예수님의 말씀을 듣고 행하는 사람 위에 세워집니다. 하지만 동시에 예수님의 교회는 예수님의 말씀을 기쁨으로 받되 환난과 핍박 앞에서는 도망치는 사람 위에 세워집니다. 예수님은 교회를 반석(πέτρα) 위에 세운 것이 아니라, 베드로(πέτρος)라는 반석(πέτρα) 위에 세우시겠다고 말씀하셨습니다.

교회에는 알곡과 가라지가 뒤섞여있다

2020년은 코로나 팬데믹으로 기가 막힌 광경이 펼쳐졌습니다. 21세기에 일어나리라고는 생각할 수 없었던 일이 일어났지요. 코로나 바이러스는 (초기에는) 치명적이었고 전염성도 짙었습니다. 덕분에 초기 정책 대다수는 접촉을 차단하는 것 외에는 방법이 없었습니다. 최대한 외출을 금하고 집에 머무는 것, 외출을 하게 되더라도 마스크를 쓰고 다수의 사람과 접촉하지 않는 것이 유일한 방법이었습니다. 따라서 많은 사업체 및 공공기관과 학교는 비대면으로 전환했습니다. 덕분에 비대면 영업이 불가능했던 많은 자영업자들은 고통을 호소했습니다. 시간이 지나 백신이 등장했고 보급이 시작됐습니다. 치료제들도 적정 수준에서 말을 듣기 시작했습니다. 그와 함께 사회적 거리두기를 비롯한 많은 방역조치들이 해제되기 시작했습니다. 비대면이 대면으로 전환되었습니다. 식당에서 식사를 할 수 있게 되었고, 카페에서 커피를 마실 수 있게 되었고, 교회에서 예배를 드릴 수 있게 되었습니다.

대뜸 왠 코로나 이야기인가 싶을 겁니다. 마태복음의 배경에는 마치 (초기 코로나 국면처럼) 율법이라는 탄탄한 경계를 통해 내부자와 외부자 사이에 엄격한 구분을 가져가던 바리새인 공동체에 대한 비판이 자리잡고 있습니다. 성전파괴는 유대인들에게 큰 충격이었습니다. 성전제의 혹은 순례의 중심축을 형성하고 있던 예루살렘 성전이 무너졌으니까요. 따라서 (마태복음 배경에 있는) 바리새파 유대교는 성전파괴로 말미암은 신앙의 혼란을 유대교 율법을 바탕으로 한 엄격한 정체성 구분으로 대체하려고 했습니다.[7] 그들에게 율법 바깥에 있는 자들 혹은 율법 준수를 따르지 않는 자들은 마치 (초기 코로나 국면에서의) 코로나 감염자와 같았습니다. 따라서 그들은 (마치 그리스도인과 같은) 이단자를 저주하는 기도(Birkath

---

7 자세한 내용은 도널드 시니어, 『IBT 마태복음』, 대한기독교서회, 105-108을 참조하십시오.

ha-Minim)를 회당에서 공개적으로 암송할 정도였습니다.[8] 마치 코로나 팬데믹 초기에 폐쇄정책을 취했던 것처럼 그들 또한 율법 바깥에 있는 이들이나 율법을 어기는 이들 혹은 집단에 대하여 강경한 태도를 보였습니다.

그렇다면 당시의 교회는 어땠을까요? 마태복음에 따르면 그들 또한 (바리새인들 못지않게) "서기관과 바리새인보다"(5:20) 나은 의를 추구했습니다. 바리새인들 못지않게 '의'를 향한 집념이 있었던 것으로 보입니다. 하지만 그렇다고 해서 교회가 (바리새인들처럼) 강경한 폐쇄정책으로 일관한 것은 아니었습니다. 신약학자 게르트 타이센에 따르면 교회는 '분파주의적인 정신과 협소함'[9]과는 다소 거리가 있는 열린 집단[10]이었습니다. 교회는 마치 코로나 팬데믹 후기에 백신과 치료제들이 보급되었을 때의 의료진들의 정체성과 유사했습니다. 의료진들은 위험을 감수하고 코로나 바이러스에 감염된 이들

---

8   물론 바리새인들과의 대립이 마태복음의 배경이라는 주장에 대해서는 다소 회의적인 학자들도 있습니다. 이를테면 이단자를 저주하는 기도의 연대가 마태복음의 기록 연대보다 늦을 가능성이 있으며, 당시 바리새인들의 영향이 생각보다 크지 않았다는 것입니다. 그럼에도 불구하고 적어도 (당시 정황과 별개로) 마태복음 본문 자체는 바리새인들과의 치열한 논쟁의 맥락을 띠고 있습니다.

9   게르트 타이센, 『복음서의 교회정치학』, 대한기독교서회, 106.

10 "엄격한 규범들이 주변 환경과 부딪히면서 공동의 정체성을 만들어 낼 때에는 내부 그룹을 안정시키는 요소가 된다. 그러나 그 엄격한 규범들은 내부 결속과 통합에 있어서 이내 부담으로 바뀌게 된다. 특정한 공동체의 규범이 엄격할수록, 실제로 그 규범을 준수할 수 있는 구성원들의 수는 더 적어진다." 게르트 타이센, 『복음서의 교회정치학』, 대한기독교서회, 103.

혹은 감염될 가능성이 있는 이들을 자신의 터전으로 적극적으로 초대합니다. 그들과 접촉하는 것을 두려워하지 않습니다. 그들과 접촉하다 보면 코로나에 걸리는 의료진이 있을 수도 있지만 크게 개의치 않습니다. 바리새인들이 죄(코로나 바이러스)로부터의 안전한 공동체를 꿈꿨다면 교회는 죄(코로나 바이러스)로부터 세상을 치유하는 공동체를 꿈꿨습니다.

따라서 교회 안에는 응당 (코로나를 치유하는) 의료진과 (코로나에 감염된) 환자가 뒤섞여있습니다. 교회 내의 다양한 사람들은 마치 혼인잔치의 비유(22:1-14)와 같습니다. "종들이 길에 나가 악한 자나 선한 자나 만나는 대로 모두"(22:10) 데려와서 모인 집단이 바로 교회입니다. 교회 안에는 예수님의 말씀을 듣고 행하는 반석(πέτρα) 같은 사람이 분명 있었습니다. 하지만 교회는 반석들만 모여 사는 순혈집단으로 존재하지는 않습니다. 예수님의 말씀을 기쁨으로 받되 환난과 핍박 앞에서는 도망치는 돌밭(πετρώδης) 같은 사람 또한 함께 섞여

있습니다. 이를 두고 혼합된 몸(corpus permixtum)이라 부릅니다. 교회 안에는 알곡과 가라지가 뒤섞여있습니다. 누군가는 알곡으로부터 가라지를 솎아내려고 시도할 수도 있겠습니다. 하지만 예수님께서는 가라지를 솎아내려는 행동을 철저히 금하십니다.

"가만 두어라 가라지를 뽑다가 곡식까지 뽑을까 염려하노라 둘 다 추수 때까지 함께 자라게 두어라"(13:29-30)

마지막 날까지 심판을 유보해둘 것이며, 가라지를 솎아낼 수 있는 기준은 오직 하나님만이 가지고 있다는 겁니다. 그런 의미에서 교회는 마지막 그 날까지 알곡과 가라지, 반석과 돌밭이 뒤섞인 혼합된 몸(corpus permixtum)인 것입니다.

천국에 들어갈 자격에 대해 논하다

교회에는 다양한 사람들이 있습니다. 다들 교회 안에서는 신앙생활을 잘 해나가는 정상적인 그리스도인으로 보입니다. 하지만 실제 들여다보면 다른 경우가 왕왕 있습니다. 어떤 이들은 교회 안에서나 교회 밖에서나 동일하게 예수님의 말씀을 듣고 행합니다. 마치 반석처럼 보입니다. 반면 어떤 이들은 예수님의 말씀을 듣고서 (적어도 교회에서는) 기쁨으로 반응하지만 끝내 말씀이 뿌리를 내리진 못하는 것 같습니다. 삶 속에서 뿌리를 내리지 못하고 환난과 박해가 올 때에는 전혀 신앙적이지 않은 모습으로 돌변하기 때문입니다. 마치 돌밭처럼 보입니다. 대다수의 교인들은 당연히 반석처럼 신앙생활을 해나가는 이들을 좋아합니다. 이런 이들이 교회 안에 많을 때에 교회가 더욱 부흥하고 성장하리라 생각합니다. 반면 돌밭처럼 신앙생활을 해나가는 이들은 도저히 믿을 수가 없습니다. 교회 안에 있는 사소한 업무 하나도 맡기기가 조심스럽습니다. 하지만 예수님께서는 반석과 돌밭을 자의적으로 구분하는 일, 그래서 알곡 속에서 가라지를 솎아내려는 행동은 금하셨습니다. 그 이유는 어디에 있을까요?

마태복음 18장을 잠깐 살펴보겠습니다. 현재 제자들끼리는 나름의 경쟁을 하고 있었던 것으로 보입니다. 누가 더 천국[11]에서 높은 자리에 앉을지를 고민하고 있었기 때문입니다. 그들은 예수님께 천국에서 높은 자리에 오를 수 있는 기준을 [12] 질문합니다. "천국에서는 누가 크니이까?"(18:1) 제자들은

---

11   제자들은 기본적으로 예수님께서 예루살렘에 입성하신 이후 왕이 될 것이고, 그에 따른 새로운 나라가 도래할 것이라 믿고 있었습니다. 즉, 기본적으로 본문에서의 천국은 죽어서 가게 될 사후세계가 아니라, 이 땅에 도래하게 될 예수님의 나라를 의미합니다. 예수님이 왕이 되시면 12명 중에서 누구를 더 등용하실까요? 제자들은 이에 대해 궁금해했습니다.

12   공관복음은 특별히 예수님께서 (예루살렘을 향해 올라가는 길 위에서) 고난과 십자가에 대해서 말씀하실 때에 제자들은 이를 전혀 이해하지 못하는 장면이 반복됩니다. 그리고 오히려 고난과 십자가에 반하는 권력에 관

천국의 기준을 묻고 있습니다. 누가 더 높은 자리에 앉고 누가 더 낮은 자리에 앉을지에 대한 기준을 묻고 있습니다. 그런데 대뜸 예수님께서는 이렇게 말씀하십니다.

> "진실로 너희에게 이르노니 너희가 돌이켜 **어린 아이들과 같이 되지 아니하면** 결단코 천국에 들어가지 못하리라"(마 18:3)

어린 아이들과 같이 되지 않으면 천국에 들어가지 못할 것이라 말씀하셨습니다. 제자들은 분명 '천국에서 높은 자리에 오를 수 있는 **기준**'을 질문하고 있습니다. 하지만 예수님께서는 (매우 의도적으로) '천국에 들어갈(εἰσέρχομαι) 수 있는 **자격**'에 대해 답하고 있는 것입니다. 그리고 뒤이어 '작은 자를 실족하게 하는 문제'(18:6-10)에 대해서 말씀하십니다. 이는 분명 논리적으로만 보면 엉성합니다. 제자들의 질문 앞에서 동문서답하는 것처럼 느껴집니다. 논리적으로 정돈되지 않은 이해하기 어려운 말씀처럼 느껴집니다.

심 있었던 제자들의 모습이 폭로됩니다. 예수님께서 어떻게 하면 종이 될 수 있을까를 고민하실 때 제자들은 어떻게 하면 (천국에서) 높은 자리에 오를 수 있을까를 고민하고 있었습니다. 당시 제자들은 다른 제자들에 비해 더욱 높은 자리에 오르고자 하는 욕망을 품고 있었습니다. 마태복음 20장 20-28절에 등장하는 본문이 그 예시입니다.

하지만 해당 본문은 예수님께서 드러내시고자 하는 일종의 역설을 담아내고 있는 본문입니다. 앞에서 차례대로 읽기보다는 뒤에서부터 앞을 향해 읽는다면 예수님의 진의가 좀 더 명확해집니다. 예수님께서는 '작은 자 중의 하나라도 실족하면 안 된다'(18:6-10)고 말씀하셨습니다. 왜 작은 자 중의 하나라도 실족하게 하면 안 됩니까? 바로 그들이 천국에 들어갈(εἰσέρχομαι) 자격을 갖춘 어린 아이와 같은(18:3) 자들이기 때문입니다. 그렇다면 작은 자, 어린 아이와 같은 자들은 어디에서 천국에 들어갈(εἰσέρχομαι) 자격을 받은 것인가요? 자신들의 힘으로 쟁취한 것이 아닙니다. 도덕적 역량 혹은 영적 역량으로 얻어낸 것이 아닙니다. 하나님께 선물받은 것입니다.

작은 자, 어린 아이와 같은 자들을 돌밭 혹은 가라지로 읽으면 어떨까요? 하나님께서 친히 교회 안으로 돌밭을 초청하셨다는 겁니다. 하나님께서 친히 가라지를 교회 안으로 초청하셨다는 겁니다. 이는 역설적으로 제자들의 천국에서의 권력 경쟁에 대한 비판입니다. '천국에서 높은 자리에 오를 수 있는 기준'을 운운하기 전에 '천국에 들어갈(εἰσέρχομαι) 자격'은 어떻게 얻었는지 숙고해보라는 겁니다. 제자들은 자신의 힘으로 자격을 쟁취한 것이 아닙니다. 그들 또한 예수님께 초청받았을 따름입니다. '천국에서 높은 자리에 오를 수 있는 기준'을 묻는 제자들에게 예수님은 반문한 것입니다.

'너는 스스로가 천국에 들어갈(εἰσέρχομαι) 자격이 있어서 들어왔다고 생각하니?'

> '작은 자를 실족하게 하는 문제'를 말씀하시다(18:6-10)
> 누구든지 나를 믿는 이 작은 자 중 하나를 실족하게 하면(18:6)

> '천국에 들어갈 수 있는 자격'으로 답하다(18:2-5)
> 이르시되 진실로 너희에게 이르노니 너희가 돌이켜 어린 아이들과 같이 되지 아니하면 결단코 천국에 들어가지 못하리라(18:3)

> '천국에서 높은 자리에 오를 수 있는 기준'을 묻다(18:1)
> 그 때에 제자들이 예수께 나아와 이르되 천국에서는 누가 크니이까?
> (18:1)

교회는 용서를 지향할 수 있어야 합니다

죄를 범한 형제를 권징하다

마태복음 18장은 천국에 들어갈 자격에 대해서 논의하는 것처럼 보이다가 대뜸 전혀 다른 주제로 넘어갑니다. 흔히 우리가 교회의 권징에 대한 본문으로 알고 있는 마태복음 18장 15절-17절입니다. 어쩌면 해당 본문은 교회 안에 남겨져있는 가라지 혹은 돌밭이 일으키는 구체적인 문제에 대한 대처

법을 다루고 있는 것은 아닐까요?

'천국에서 높은 자리에 오를 수 있는 기준'을 묻다(18:1)

'천국에 들어갈 수 있는 자격'으로 답하다(18:2-5)

'작은 자를 실족하게 하는 문제'를 말씀하시다(18:6-10)

'죄를 범한 형제를 다루는 문제'를 말씀하시다(18:15-17)

학자들에 따르면 해당 본문은 쿰란의 〈징계 메뉴얼〉(Manual of Discipline)과 닮아[13] 있습니다. 분명 겉으로 보기에는 '죄를 짓는 구성원들을 다루기 위한 공동체의 규정'[14]이 담겨있기 때문입니다. 본문의 내용은 간명합니다. 형제가 죄를 범한 경우에는 크게 세 단계를 거칩니다.

첫 번째는 "너와 그 사람과만 상대하여 권고"(18:15)하는 것입니다. 죄를 범하면 홀로 가서 깨우쳐보라는 것입니다. 하지만 여전히 죄를 회개하지 않으면 어떻게 해야 할까요?

두 번째는 "한두 사람을 데리고 가서 두세 증인의 입으로"(18:16) 권면하면 됩니다. 그럼에도 죄를 회개하지 않으면 그 다음 단계가 있습니다.

세 번째는 "교회에 말하는"(18:17) 단계입니다. 하지만 교회

---

13   그랜트 R. 오스본, 『강해로 푸는 마태복음』, 디모데, 762.

14   그랜트 R. 오스본, 『강해로 푸는 마태복음』, 디모데, 762.

가 말을 해도 듣지 않는 경우가 있습니다.

그럴 때에는 "이방인과 세리"(18:17)처럼 여기는 것이 마땅하다는 겁니다. 이는 어떤 의미일까요? 이제는 공동체 바깥으로 출교[15]해야 한다는 규정일까요?

권징. 이른바 장려할만한 것들은 권하고 금해야 할 것은 징계한다는 말입니다. 권면과 징계라는 두 가지의 도구를 통해서 해당 공동체의 좋은 문화를 만들어가고 또 바른 질서를 세울 수 있습니다. 하지만 최근 우리 사회를 바라보면 대다수의 사람들이 좋은 문화를 세우고 바른 질서를 세우는 궁극적인 목적 자체는 잊어버린 것만 같은 느낌을 받을 때가 많습니다. 어떤 범죄 혹은 사건이 발생하면 우리 사회가 어떻게 나아가야 하는지에 대한 논의는 거의 사라집니다. 그저 해당 사건의 가해자가 누구인지에만 대다수의 관심사가 모아집니다. 이어서 가해자를 강하게 책벌해야 한다는 의견이 다수의 지지를 받는 경우가 일반입니다. 이는 사회에서 일어나는 특정 사건을 가해자 개인의 실수 혹은 가해자 개인의 범죄에서 기인한 것으로 보는 시각입니다. 사회 전체의 문제가 아니라 한 개인 가해자의 문제라는 것이지요. 덕분에 강한

---

15   그랜트 R. 오스본의 경우에는 해당 본문을 두고 이방인들과 세리를 철저하게 경멸한 유대 그리스도인들의 입장에서 쓰여졌다고 추정합니다. 따라서 "추방, 전적인 배척, 공동체에서 축출"(그랜트 R. 오스본, 『강해로 푸는 마태복음』, 디모데, 765)을 의미한다고 해석합니다. 하지만 우리는 본문이 말하는 바에 대한 해석을 잠깐 유보해두기로 합시다.

징계를 내린다면 사회는 다시 정상적으로 돌아가리라 믿습니다. (혹은 근래에는 현 사회가 강한 징계를 내리지 않는 경향 때문에 사회 질서가 망가지고 있다고 생각합니다)

어떤 사건에서 가해자를 밝히고, 가해자에게 엄벌을 하는 방식으로 사회가 다시 질서를 세울 수 있다는 관점을 두고 우리는 응보적 정의라고 부릅니다. 반면 가해자를 처벌하는 응보적 정의에는 한계가 있다고 생각하는 사람들도 있습니다. 가해자를 강하게 처벌한다 하더라도 피해자의 회복 혹은 무너진 공동체의 회복이 일어나는 것은 아니라는 겁니다. 오히려 가해자에 대한 처벌이 공동체가 가진 구조적 결함에 대한 근원적 문제 해결을 방해하는 경우도 생긴다는 것입니다. 따라서 최근에는 응보적 정의를 보완하는 개념인 회복적 정의에 대한 논의가 많이 이뤄지고 있습니다. 회복적 정의의 목표는 공동체의 회복입니다.[16] 어떤 사건이 일어났을 때에 그 사건으로 말미암아 해당 요소는 망가졌을 수 있습니다. 혹은 이미 망가진 특정요소가 그 사건으로 말미암아 발견되었을 수도 있습니다. 따라서 회복적 정의는 긴 시간 동

---

16 응보적 정의와 회복적 정의 사이의 대립구도는 우리가 앞서 살펴본 갈등해결과 갈등전환의 대립구도와 분명 유사한 측면이 있습니다. 갈등해결의 측면에서 문제를 바라본다면 해당 범법자를 단죄하는 방법을 모색하곤 합니다. 반면 갈등전환의 측면에서 문제를 바라본다면 공동체를 더욱 건강하게 세우는 방법을 다각도로 모색하게 됩니다. 다소 시간은 늦춰지더라도 말입니다.

안 문제를 복합적으로 분석하여 가해자의 책임을 묻는 것을 넘어서서 공동체의 신뢰를 회복하고, 앞으로 비슷한 사례들이 일어나지 않기 위해 다양한 일을 모색합니다. 응보적 정의는 '누가 가해자인가?'를 묻는다면 회복적 정의는 '공동체의 무엇이 망가졌는가? 또한 공동체는 어떻게 회복할 수 있겠는가?'를 묻습니다.[17]

교회의 권징에 대한 본문(마 18:15-17)을 다시 숙고해봅시다. **'죄를 범한 형제 문제'를 권징해야 한다**면 '죄를 범한 형제'를 가해자로 여기고 책벌한다는 것에 그쳐서는 안 됩니다. 애초에 바른 권징은 응보적 정의의 개념에 국한되지 않습니다. 오히려 회복적 정의의 개념에 가깝습니다. 따라서 우리는 해당 본문을 '죄를 범한 형제'에게 합당한 징계를 내리기 위한 본문으로 읽기보다는, **'죄를 범한 형제 문제'로 말미암아 나타난 공동체의 문제를 해결하고 공동체를 더욱 건강하게 세우기 위한 본문**으로 읽는 것이 바람직합니다.

용서 받기 위해서는 용서할 수 있어야 한다

교회의 권징에 대한 본문(15-17절)의 뒤를 이어서 용서할 줄 모르는 종에 대한 비유 이야기(24-35절)가 등장합니다. 만약

---

17   회복적 정의에 대한 자세한 내용은 이재영, 『회복적 정의 : 세상을 치유하다』를 참조하십시오.

우리가 바로 앞 단락에 있는 교회의 권징에 대한 본문(15-17절)을 응보적 정의에 대한 본문으로 읽어서 '죄를 범한 형제'에게 합당한 징계를 내리기 위한 규정으로 읽는다면, 용서할 줄 모르는 종에 대한 비유 이야기(24-35절)는 교회의 권징에 대한 본문(15-17절)과 연결점을 찾기가 모호해집니다. 하지만 교회의 권징에 대한 본문(15-17절)을 회복적 정의에 대한 본문으로 읽어서 '죄를 범한 형제 문제'를 공동체의 문제를 해결하고 공동체를 더욱 건강하게 세우기 위한 본문으로 읽는다면 어떨까요? 용서할 줄 모르는 종에 대한 비유 이야기(24-35절)와 교회의 권징에 대한 본문(15-17절)은 절묘하게 하나의 메시지로 공명하고 있음을 알 수 있습니다.

'천국에서 높은 자리에 오를 수 있는 기준'에 '천국에 들어갈 수 있는 자격'으로 답하다(18:1-5)

'작은 자를 실족하게 하는 문제'를 말씀하시다(18:6-10)

'죄를 범한 형제를 다루는 문제'를 말씀하시다(18:15-17)

'용서할 줄 모르는 종에 대한 비유 이야기'를 말씀하시다(18:24-35)

예수님께서 말씀하신 용서할 줄 모르는 종 비유 이야기는 다음과 같습니다. 주인이 일만 달란트 빚진 자(24절)를 데려와서 그를 추궁했습니다. "그 몸과 아내와 자식들과 모든 소유"(25절)를 팔아서라도 다 갚아야 할 것이라고 강하게 몰아붙였습니다. 하지만 일만 달란트 빚진 자(24절)는 주인의 긍휼을 입게 되었습니다. 빚에 대한 탕감(27절)을 받게 된 것입니다. 참고로 일만 달란트의 빚은 어마어마한 분량입니다. 일만 달란트의 빚은 120억 달러에 준하는 액수[18]입니다. 하지만 이내 주인의 긍휼로 말미암아 일만 달란트의 빚을 탕감받은 종은 자신에게 백 데나리온을 빚진 동료 한 사람(28절)을 만나게 됩니다. 백 데나리온은 일반적으로 보통 일꾼이 백일동안 노동한 임금입니다. 물론 이 또한 쉽게 넘길 수 없는 큰 금액일 수 있습니다. 하지만 분명한 것은 현재 백 데나리온의 빚을 빌려준 사람은 막 주인에게서 일만 달란트의 빚을 탕감받았다는 점입니다. 여기서 그의 행동은 놀랍습니다. 자신이 방금 받은 은혜를 곧장 잃어버리고는 "목을 잡고"(28절)서 무척 난폭한 행동을 취하며 빚을 갚으라고 촉구합니다. 뿐만 아니라 결국에는 자신에게 빚을 갚지 않는 동료를 "옥에 가두"(30절)게 됩니다. 주인의 자비와 일만 달란트 빚진 자의 폭력이 극명하게 대조됩니다. 그때 백 데나리온 빚으로 말미암아 감옥에 갇힌 이들을 "동료들이 … 보고 몹시 딱하게 여겨"(31절) 주인에게 이 사건을 고하게 됩니다. 그때 주인이 하신 말씀이 이와 같습니다.

---

18   그랜트 R. 오스본, 『강해로 푸는 마태복음』, 디모데, 774.

"내가 너를 불쌍히 여김과 같이 너도 네 동료를 불쌍히 여김이 마땅하지 아니하냐?"(33절)

용서할 줄 모르는 종에 대한 비유 이야기(24-35절)의 핵심 메시지는 명료합니다. 주인에게 빚을 탕감받는 은혜를 누렸다면, 동료에게도 동일하게 빚을 탕감받는 은혜를 베풀어야 한다는 것입니다. 참고로 빚(ὀφείλω)을 탕감받는(ἀφίημι) 은혜를 누렸다면 빚(ὀφείλω)을 탕감받는(ἀφίημι) 은혜를 베풀어야 한다는 메시지는 주기도문에 등장하는 "우리가 우리에게 죄(οφειλω) 지은 자를 사하여(ἀφίημι) 준 것 같이 우리 죄(οφειλω)를 사하여(ἀφίημι) 주시옵고"(6:12)라는 짧은 기도문과 서로 내용적으로 일치합니다.

주기도문이 (1) 죄(οφειλω)를 먼저 용서(ἀφίημι)해주어야 (2) 우리의 죄(οφειλω)도 용서(ἀφίημι)를 받을 것이다는 '메시지'를 위해서 기도할 것을 가르쳤다면, 용서할 줄 모르는 종의 비유 이야기에서는 (1) 먼저 빚(ὀφείλω)을 탕감(ἀφίημι)받고 (2) 빚(ὀφείλω)을 탕감(ἀφίημι)해주지 않아서 (3) 빚(ὀφείλω) 탕감(ἀφίημι)이 취소되는 이야기를 통해 주기도문의 짧은 메시지를 이야기로 풀어놓고 있는 것입니다. 즉, 하나님께서 베푸신 은혜(관용)와 교회 내의 형제를 향한 관용(은혜)은 함께 묶여있습니다. 우리가 교회 내의 형제의 잘못(ὀφείλω)을 용서(ἀφίημι)한다면 우리에게 베푸신 하나님의 죄(ὀφείλω) 용서(ἀφίημι)는 유효할 것이며, 우리가 교회 내의 형제의 잘못(ὀφείλω)을 용서(ἀφίημι)하지 않는다면 우리에게 베푸신 하나님의 죄(ὀφείλω) 용서(ἀφίημι)는 무효로 돌아갈 것입니다.

주기도문

① 죄(οφειλω)를 먼저 용서(ἀφίημι)해주어야

② 우리의 죄(οφειλω)도 용서(ἀφίημι)를 받을 것이다

종의 비유

① 먼저 빚(ὀφείλω)을 탕감(ἀφίημι)받았지만

② 빚(ὀφείλω)을 탕감(ἀφίημι)해주지 않아서

③ 빚(ὀφείλω) 탕감(ἀφίημι)이 취소됨

권징의 결말은 용서여야 한다

저는 앞서 용서할 줄 모르는 종에 대한 비유 이야기(24-35절)와 교회의 권징에 대한 본문(15-17절)은 절묘하게 하나의 메시지로 공명하고 있다고 말씀드렸습니다. 이를 위해서는 중간에 자리 잡고 있는 연결고리 본문(18-23절)을 좀 면밀히 살펴볼 필요가 있습니다.

교회의 권징에 대한 본문(15-17절)은 죄를 범한 형제가 교회의 말조차도 거부했을 때에는 '이방인과 세리와 같이 여기라'(17절)는 말씀으로 맺습니다. 이는 어떤 의미일까요? 이어

지는 연결고리 본문(18-23절)은 이를 어떻게 해석해야 할지 힌트를 주고 있습니다.

> "땅에서도 매면 하늘에서도 매일 것이요 … 땅에서 풀면 하늘
> 에서도 풀리리라"(18절)

이 말씀은 분명 기시감이 있습니다. 매는 것과 푸는 것, 그리고 땅과 하늘에 대한 이야기는 앞서 등장한 적이 있습니다. 베드로 위에 교회를 세우시겠다는 예수님의 약속의 말씀(16:18b) 바로 뒤에 등장하는 본문에서 등장한 적이 있습니다. 반석과 돌밭이 뒤섞인 곳에 세워진 교회는 '천국 열쇠'(16:19a)를 받습니다.

> "내가 천국 열쇠를 네게 주리니 네가 땅에서 무엇이든지 매면
> 하늘에서도 매일 것이요 네가 땅에서 무엇이든지 풀면 하늘에
> 서도 풀리리라 하시고"(마 16:19)

이는 천국 열쇠를 받게 되면서 교회가 갖게 된 권세입니다. 분명 죄를 범한 형제가 "교회의 말도 듣지 않거든"(18:17) 이방인과 세리와 같이 여김으로, 교회가 해야 할 일은 끝나는 것처럼 보였습니다. 하지만 그렇지 않습니다. 18절은 교

회가 이미 부여받은 권세에 대해서 이야기하고 있습니다. 교회가 할 일이 여전히 남아있다는 말입니다. 죄를 범한 형제가 교회의 말을 듣지 않을 때, 그때 교회는 무엇을 해야 할까요? 18절의 본문은 이제 교회가 죄를 범한 형제를 어떻게 권징하느냐에 따라서 형제의 운명이 달려있다는 말입니다. 형제를 향해 '매는 것'을 선택한다면 하늘에서도 매여있을 것입니다. 반면 형제를 향해 '푸는 것'을 선택한다면 하늘에서도 풀리게 될 것입니다. 즉, 교회가 형제를 용서한다면 하늘도 형제를 용서할 것이며 교회가 형제를 쫓아낸다면 하늘도 형제를 쫓아낸다는 말입니다.

이어서 등장하는 말씀도 흥미롭습니다.

> "진실로 다시 너희에게 이르노니 너희 중의 두 사람이 땅에서 합심하여 무엇이든지 구하면 하늘에 계신 내 아버지께서 그들을 위하여 이루게 하시리라 두세 사람이 내 이름으로 모인 곳에는 나도 그들 중에 있느니라"(마 18:19-20)

'너희 중의 두 사람'(19절)의 합심을 요구하고 있습니다. 또한 '두세 사람'(20절)의 모임을 이야기합니다. 죄를 범한 형제가 교회의 말을 듣지 않음에도 여전히 교회의 할 일이 남아있었던 것처럼, 죄를 범한 형제에게 권면한 두세 증인(16절)

의 할 일도 여전히 남아있다는 말입니다. 죄를 범한 형제에게 홀로 가서 권면(15절)했지만 듣지 않았습니다. 이어서 한두 사람들 데리고 가서 두세 증인의 입으로 권면(16절)했는데도 듣지 않았습니다. 끝내는 교회(17절)가 움직였지만 이 또한 듣지 않았습니다. 이는 죄를 범한 형제를 징계하는 징계절차에 대한 본문이 아닙니다. (응보적 정의에 대한 본문이 아닙니다) 오히려 죄를 범한 형제를 회복시키기 위해서 해야 할 교회 및 교회 내의 형제들의 의무를 말하고 있는 본문입니다. (즉, 회복적 정의에 대한 본문입니다) 죄를 범한 형제가 말을 듣지 않을 수 있습니다. 그럴 때에 그를 찾아간 두세 사람은 "땅에서 합심하여 … 구할"(19절) 필요가 있다고 말합니다. 그들(20절)이 형제를 위해 구할 때에 하나님께서 함께 하시겠다고 말씀하십니다. 교회는 형제에 대한 하늘의 용서 혹은 하늘의 징계를 여기서 판단할 권한을 쥐고 있습니다. 이제 교회는, 두세 사람은 죄를 범한 형제를 위하여 무엇을 해야 할까요?

예수님의 말씀을 듣고 있었던 베드로는 그 말씀의 의미를 제대로 간파했습니다. 교회와 두세 사람이 해야 할 의무가 무엇인지 명료하게 이해했습니다. 따라서 그는 예수님의 말씀에 대해 기쁨으로 반응합니다.

"주여 형제가 내게 죄를 범하면 몇 번이나 용서하여 주리이까

일곱 번까지 하오리이까"(마 18:21)

그렇습니다. 교회의 권징에 대한 본문(15-17절)의 핵심은 단순히 죄를 범한 형제를 쫓아내는 규범에 대한 이야기가 아니었습니다. 오히려 **죄를 범한 형제를 회복시키기 위해서 교회가 (또한 공동체 구성원들이) 어디까지 노력해야 하느냐에 대한 이야기**였습니다. 해당 이야기는 죄를 범한 형제에게 교회와 공동체 구성원들이 용서를 베풀어야 한다는 메시지를 담고 있었습니다. 일반적으로 당시의 유대 랍비들은 세 번의 용서를 베풀 수 있다[19]고 여겼습니다. 구약의 경우에는 통상적으로 복수 혹은 형벌 등에 대하여는 일곱 배를 말하고 있습니다.[20] 따라서 아마도 베드로는 일곱 번 정도의 용서를 베풀어야 한다는 메시지로 적용하면 충분히 예수님께서 세우신 기준에 충족한다고 여겼던 것 같습니다. 적어도 서기관과 바리새인의 의보다는 훨씬 나으리라 생각했으며, 구약성경 또한 일곱 번 정도 용서하는 것을 권면하고 있으니까요. 하지만 예수님의 메시지는 더욱 강경합니다.

"일곱 번을 일흔 번까지도 할지니라"(마 18:22)

---

19   R. T. 프랜스, 『TNTC:마태복음』, CLC, 448

20   그랜트 R. 오스본, 『강해로 푸는 마태복음』, 디모데, 773.

'죄를 범한 형제를 다루는 문제'를 말씀하시다(18:15-17)

진실로 다시 너희에게 이르노니 너희 중의 두 사람이 땅에서 합심하여 무엇이든지 구하면 … 나도 그들 중에 있느니라(18:19-20)

그 때에 베드로가 나아와 이르되 주여 형제가 내게 죄를 범하면 몇 번이나 용서하여 주리이까 일곱 번까지 하오리이까(18:21)

'용서할 줄 모르는 종에 대한 비유 이야기'를 말씀하시다(18:24-35)

교회의 거룩은 바리새인들의 거룩과는 다르다

교회의 중요한 정체성 중 하나는 거룩입니다. 교회가 많은 사람들을 전도하는 것은 정말 중요합니다. 교회가 세상의 많은 어려운 이들을 돕는 것도 좋습니다. 교회가 더 뜨겁고 열정적으로 예배하는 것도 좋습니다. 언급한 모든 것이 좋은 교회가 있다면 분명 사람들은 좋은 교회라 여길 것입니다. 하지만 사람들이 좋은 교회라 여긴다 한들 교회의 정체성인 거룩이 교회의 모습과 직접적으로 연결되지 않는다면, 우리는 그 교회를 두고 교회라 부를 수 없습니다. 교회는 애초에 하나님께서 거룩하게 구별하신 백성들의 공동체[21]이기 때문입니다. 본령을 잃어버린 교회가 더 이상 교회일 수는 없을

---

21   "교회의 경우 그것의 정체성의 핵심적 요소는 자신이 이 세상에서 그리스도를 대표하도록 부르심을 받았다는 사실을 이해하는 것이다. 그것이 지닌 온갖 불완전함에도 불구하고 교회는 예수의 삶을 예시하라는 명령을 받고 있다." 리 비치, 김광남 역, 『유배된 교회』, 새물결플러스, 254.

것입니다. 교회세습, 교회 내 성폭력, 그 외에도 사회의 수많은 이슈 앞에서 교회가 보여주는 모습은 도덕적으로나 사상적으로나 힘을 잃어버린 것을 넘어서, 이제는 교회가 거룩하지도 않다는 사실을 스스로 시인하는 것 같습니다. 거룩함을 상실한 교회는 다시 거룩함을 회복할 수 있어야 합니다. 하지만 그에 앞서 우리가 물어야 할 질문이 있습니다. 교회가 회복해야 할 '거룩함'은 어떤 모습일까요?

다소 오래되었으면서도 여전히 뜨거운 논쟁이 있습니다. 바로 믿음과 행함 사이의 논쟁입니다. 어떤 이들은 오늘날 교회가 일으키는 다양한 문제들은 결국 '믿음'에 대한 강조 때문이라고 비판하는 입장에 서 있습니다. 진정 바른 '행함'을 권면하는 설교와 신학이 중요하다고 말합니다. 분명 일리가 있는 주장입니다. 지나친 '믿음'에 대한 강조 때문에 '행함'을 잃어버린다면 그것은 바른 신앙이라 말할 수 없습니다. 반면 어떤 이들은 성경본문을 들춰가면서 '행함'을 강조했던 바리새인에 대한 비판을 인용할 것입니다. 그리고는 참되고 바른 신앙이라면 '행함'보다는 '믿음'을 강조하는 것이 바람직하며, 자연스럽게 '행함'도 따라오게 되어 있다고 주장할 것입니다. 이 또한 분명 일리가 있는 주장입니다. 하지만 다양한 논쟁에 앞서 우선은 이렇게 질문할 필요가 있겠습니다. 복음서에 등장하는 바리새인의 '행함'을 비판하는 예수님의 말씀은 어떤 의미일까요? 예수님은 도대체 무엇 때문에 바리새인의 '행함'을 비판했던 것일까요?

바리새인들은 율법에 대한 엄격한 문자적 준수를 자신의 정체성으로 삼았습니다. 그들은 분명 대단히 높은 신앙적인 기준을 유지하고 있던 집단이었습니다. 특별히 제의적 정결 혹은 십일조를 준수하는 문제[22]에 대해서는 대단히 엄격했습니다. 오늘날 바리새인들의 집단이 여전히 존재하고 있다면 우리는 그들을 어떻게 생각할까요? 그들이 '행함'을 추구했다는 예수님의 비판은 차치하고서, 우리는 그들의 도덕성 및 종교성을 대단히 높게 평가할 것입니다. (분명 웬만한 교회보다 훨씬 나아보일 것입니다) 하지만 바리새인들의 집단은 마치 코로나 바이러스 국면에서 감염을 최대한 막기 위해 엄격한 폐쇄 정책을 수행하던 모습과 꼭 닮아있습니다. 겉으로 보여지는 도덕적이고 신앙적인 기준에 지나치게 집착하는 경향이 있습니다. (마치 코로나 바이러스와 같은) 죄와 부정함으로부터 거룩(경건)하기 위해 부단히도 애쓰는 자신들을 격려하기 위해 애를 쓰는 집단입니다. 사실 이런 공동체는 바람직하지 않습니

---

22 "They promoted a special living tradition in addition to the laws; they were very interested in issues of ritual purity and tithing; and they believed in afterlife, judgment, and a densely populated, organized spirit world."

Steve Mason, "Pharisees", in Eerdmans dictionary of the Bible, ed David Noel Freedman, Allen C. Myers와/과Astrid B. Beck (Grand Rapids, MI: W.B. Eerdmans, 2000년), 1043.

다. 겉으로 보이는 평가에 집착한 나머지 시험 점수에만 신경쓰고 실질적 공부역량은 떨어지는 학생과 같습니다.[23] 만약 바리새인들이 율법, 즉 하나님의 말씀이 말하는 행함 자체를 두고 골똘히 고민했더라면 예수님은 애써 비판하지 않았을 것입니다. 하지만 그들은 겉으로 드러나는 경건에 매몰되어 실제 경건의 능력을 잃어가고 있었습니다. 위선의 함정에 빠진 것입니다.[24] 바리새인들의 집단이 추구하는 거룩은 철저히 방어적이었습니다. 철저히 방어적인 거룩은 위선적인 모습으로 이어졌습니다. 따라서 경건의 능력이 전혀 따라오질 않았습니다. 그들은 애써 반석만을 골라 반석 위에만 세우는 거룩한 공동체가 되고 싶었습니다. 하지만 그렇게 골라낸 반석들은 겉모양만 반석에 불과했습니다. 내면의 모습은 사실상 돌밭이나 다름 없는 집단이었습니다.

바리새인들은 코로나 환자를 격리하듯 돌밭을 배척하고

23　소속된 구성원에게 수치심을 주는 방식으로 가시적 성과를 높이는 방식은 결코 바람직하지 않습니다. 수치심을 주는 방식은 결국 구성원들의 솔직한 모습을 은폐하고 성과가 있는 척하는 문화를 조장하기 때문입니다. 마찬가지로 바리새인들의 집단 또한 겉으로 보이는 모습에 비해 경건의 능력은 부족한 집단이 될 수밖에 없었습니다. "비난에는 생산적인 요소가 하나도 없다. 비난하려면 누군가에게 수치심을 주거나 못되게 굴어야 한다. 당신이 속한 조직에서 비난이 하나의 패턴으로 굳어져 있다면 수치심 문제를 당장 해결해야 한다. 비난과 관련된 또 하나의 문제가 바로 은폐다. 비난이 수치심을 토대로 하는 조직 운영의 징후인 것처럼, 은폐문화는 수치심을 이용해서 사람들을 침묵시킨다." 브레네 브라운, 『마음 가면』, 웅진지식하우스, 245.

24　자세한 내용은 권연경, 『위선』의 5장을 참조하십시오.

가라지를 걸러냄으로 거룩을 이룰 수 있다고 믿었습니다. 만약 그들의 집단 내에 죄 범한 형제가 생겨난다면 빠른 시일 내에 출교를 꾀하는 것이 마땅하다고 생각했을 겁니다. 그들은 코로나 바이러스(죄)에 감염될까 봐 엄격한 규범을 지키는 집단과 같습니다. 하지만 너무나 엄격한 나머지 바리새인 집단 내부에 있는 이들은 코로나 바이러스(죄)에 감염되었다 한들 감염되었다고 밝히지 못합니다. 밝히는 동시에 바로 출교를 당하기 때문입니다. 따라서 (역설적으로) 바리새인들의 집단은 코로나 바이러스(죄)에서 안전하지 않습니다. 그들의 엄격한 규범은 서로의 진실을 은폐하게 만들기 때문입니다. 사실 그들이 방어적 거룩을 추구하는 이유는 간단합니다. 백신도 없고 치료제도 없기 때문입니다. 반면 교회는 바리새인들의 집단과 달랐습니다. 살아있는 거룩함의 원천이신 예수님께서 그들과 함께 있었습니다.[25] 교회에는 치료제 자체이신 예수님께서 함께 하는 공동체였습니다. 따라서 교회는 (바리새인 집단과는 달리) 공격적인 거룩을 추구할 수 있었습니다. 교회는 마치 코로나 바이러스(죄)에 걸린 사람들을 치유하는 의료진의 집단과 같습니다. 코로나 바이러스(죄)에 감염될 수 있다는 두려움은 이미 사라졌습니다. (이미 완전한 치료제이신

---

25   예수님 당시 엄격한 정결의식을 준수했던 이유 및 당시 맥락에서의 예수님의 사역에 대한 더 자세한 내용은 매튜 티센, 이형일 역, 『죽음의 세력과 싸우는 예수』를 참조하십시오.

예수님께서 우리와 함께 하시기 때문입니다!) 그들의 목표는 코로나 바이러스(죄)에 감염되지 않는 것이 아닌, 세상 가운데 코로나 바이러스(죄)에 걸린 사람들을 치유하는 것입니다. 따라서 교회는 반석과 돌밭을 구분하지 않고 알곡과 가라지를 구분하지 않습니다. 따라서 죄를 범한 형제 문제가 발생해도 크게 개의치 않습니다. 거룩함의 원천이신 예수님이 교회와 함께 계시기 때문입니다.

"나도 그들 중에 있느니라"(18:20)

용서에 교회의 운명이 달렸다

"이방인과 세리와 같이 여기라"(17절)는 분명 표면적으로는 해당 교인을 쫓아낼 것을 암시하는 것처럼 보이는 말씀입니다. 하지만 특별히 교부들의 증언에 따르면 마태복음의 저자는 세관에 앉아있었던(9:9, 10:3) 세리 마태입니다.[26] 과거에는 세리였지만, 현재에는 제자가 된 사람이 바로 마태입니다. 따라서 세리와 같이 여기라는 말씀을 (하물며 세리였던 마태가 기록했다고 여긴다면) 단순히 공동체 바깥으로 쫓아내라는 말씀

---

26 최근의 비평적인 학자들은 마태복음의 저자가 마태라는 사실에 대해서는 회의적인 입장입니다. 하지만 실제 저자가 마태가 아니라 하더라도 교부들이 마태복음을 마태의 저작이라고 증언했다는 사실 및 마태복음 본문 자체가 마태를 세리로 기록하고 있다는 사실은 무척 흥미롭습니다. 적어도 교부들은 그렇게 여기고 마태복음을 읽었습니다.

으로 이해하는 것은 바람직하지 않습니다. 세리였던 마태가 현재 제자가 되어 예수님의 기록을 글로 남기고 있다면, 세리처럼 여기라는 말은 곧 그의 회복 가능성을 열어두어야만 한다[27]는 의미로 읽히기 때문입니다. 따라서 "이방인과 세리와 같이 여기라"(17절)는 본문은 "하물며 이방인과 세리들 또한 예수님께 돌아와 새로운 사람이 되는데 그들에게도 여전히 기회를 베풀어야 한다"[28]는 의미로 읽어야 하지 않을까요?

만약 우리가 17절의 본문을 죄 범한 형제를 향한 회복의 가능성으로 읽는다면 마태복음 18장 전체의 얼개가 동일한 주제를 중심으로 정돈됩니다.

마태복음 18장의 첫 번째 단락(1–14절)에서는 '너희'(10절), **즉 제자들이 '작은 자 중 하나를 실족'(6절)하지 않게 해야 한다**는 메시지였습니다.

---

27 죄 지은 사람을 '이방 사람이나 세리'와 같이 여기라는 명령은 흥미롭다. 공동체 밖에 있는 사람들이나 공동체의 가치관을 공유하지 않는 사람을 가리킬 때, 마태는 종종 이방 사람들과 세리들이라는 표현(5:47)을 사용한다. 그러나 네 복음서에서 예수는 세리들뿐 아니라 이방 사람들과도 사귀었던 것으로 보도되며, 궁극적으로 그들은 마태공동체의 선교대상에 포함된다. 그렇다면 '그를 이방 사람이나 세리와 같이 여기라'는 말은 추방된 구성원들이 지금은 공동체 밖에 있지만 결국 공동체가 진지하게 찾아 나서야 하는 대상에 포함된다는 것인가?" 도널드 시니어, 『IBT 마태복음』, 대한기독교서회, 213–214.

28 참고로 마태복음은 유대인들을 위한 복음서로 알려져 있지만 그에 못지않게 이방인들의 변화 가능성에 대해서도 열려있는 복음서입니다. 예수님의 족보(1장)에 등장하는 라합, 룻, 우리야의 아내는 모두 이방인 여인입니다. 뿐만 아니라 마태복음의 결말 또한 '모든 민족'(28:19)을 향합니다. 마태복음은 처음부터 끝까지 이방인의 변화가능성을 열어두고 있습니다.

두 번째 단락(15-20절)은 **교회(17절)가 죄 범한 형제에게 여전히 용서를 베풀어야 한다**는 메시지였습니다.

세 번째 단락(21-35절)은 **일만 달란트 빚진 종(24절)이 백 데나리온 빚진 동료(28절)의 빚을 탕감해야 한다**는 메시지였습니다.

이는 결국 돌밭과 반석 위에 세우신, 가라지와 알곡이 뒤섞여 있는 교회에 대한 메시지입니다. 교회는 작은 자, 죄 범한 형제, 백 데나리온 빚진 동료로 대표되는 돌밭 혹은 가라지를 배척해서는 안됩니다. 교회는 돌밭과 반석, 가라지와 알곡이 공존하는 공간입니다. 따라서 교회라면 오히려 그들에게 다시 기회를 주어야만 합니다.

예수님께서 교회를 돌밭과 반석 위에 세우셨다는 말씀은 교회의 지향점에 대한 메시지이기도 합니다. 교회는 아흔 아홉 마리 양보다는 **(돌밭 혹은 가라지 같은) 길 잃은 양(12절) 하나가 더 중요한 공동체**입니다.

"작은 자 중의 하나라도 잃는 것은 하늘에 계신 너희 아버지의 뜻이 아니니라"(마 18:14)

특별히 첫 번째 단락(1-14절)은 이와 같은 메시지를 강조하고 있습니다. 6절에 등장하는 (돌밭 혹은 가라지 같은) 작은 자

중 하나(6절)를 실족하게(σκανδαλίζω) 만든 사람을 묘사할 때와 손이나 발(8절)이 범죄하게(σκανδαλίζω) 만든 경우, 혹은 눈(9절)이 범죄하게(σκανδαλίζω) 만든 경우를 묘사할 때 의도적으로 같은 단어를 사용합니다. 이는 무엇을 의미하고 있을까요? (표면적인 의미와는 다르게) 교회는 (돌밭 혹은 가라지 같은) 작은 자 중 하나를 쫓아내려고 해서는 안된다는 겁니다. 만약 (돌밭 혹은 가라지 같은) 작은 자 중 하나를 쫓아내려고 하는 사람이 있다면 그 사람이야말로 우리(교회)를 범죄하게 만드는 손이나 발 혹은 눈과 같다는 것입니다. 따라서 작은 자 하나를 쫓아내려고 하는 사람이 있다면 오히려 교회는 그 사람을 쫓아내는 것이 마땅합니다. 즉, 교회는 돌밭 혹은 가라지 같은 사람과의 (배척이 아닌) 공존을 목표로 삼습니다. 돌밭 혹은 가라지 같은 사람을 더 중요하게 여길 때에야 비로소 교회는 교회로 설 수 있습니다.

따라서 우리 가운데 죄를 범한 형제가 있다면(18:15-20) 그에 대한 최고의 권징은 용서입니다. 홀로 찾아가서 권면하고, 두 세 사람이 찾아가서 권면하고, 교회가 찾아가서 권면해야 합니다. 권면을 듣지 않더라도 무제한적 용서를 통해 그를 회복할 방법을 궁구해야 합니다. 여기에 죄 범한 형제의 운명이 달렸습니다. 교회가 그를 회복시킬 수 있다면 하늘 또한 그의 회복을 기뻐할 것입니다. 또한 이를 통해 교회는 비로소 교회가 됩니다. 만약 교회가 그를 용서하지 않고 내쫓는다면 어떻게 될까요? 하늘마저도 그 형제를 저버릴 것입니다. 또한 그 형제를 저버린 즉시 하늘은 교회마저 저버리게 되지 않을까요? 죄 범한 형제를 쫓아내는 것이 마땅하다고 생각하는 즉시 교회는 교회일 수 없습니다. 일만 달란트를 탕감받았으나 동료의 백 데나리온 빚을 탕감하지 않았던 종처럼 옥에 갇힐지도 모르겠습니다.

"작은 자 중의 하나도 업신여기지 말라"(마 18:10)
"일곱 번을 일흔 번까지도 할지니라"(마 18:22)

돌밭 혹은 가라지와의 공존, 즉 죄를 범한 형제를 (배척하지 않고) 용서할 수 있느냐에 교회의 운명이 달려있습니다.

베드로 위에 교회를 세우셨습니다

나 또한 혼합된 몸이었다

저는 한국대학생선교회 출신입니다. 저의 신앙이 무럭무럭 자라난 곳입니다. 한국대학생선교회에서 저는 날마다 모여 대학교와 민족, 그리고 온 열방에 그리스도의 계절이 오기를 꿈꾸고 기도했습니다. 뿐만 아니라 열정적인 사역을 통해 하루라도 빨리 우리가 속한 대학교를 변화시키고자 했습니다. 함께 신앙을 논하고 또 실천하던 사람들이 좋았습니다. 많은 것을 배울 수 있었습니다. 하지만 그럼에도 저는 근본적으로 갖고 있는 문제의식이 있었습니다. 대학교에 그리스도의 계절을 앞당기겠다는 명목 하에 지나치게 인간적인 전략을 의존한다는 점이었습니다. 매번 신학기가 시작되기 전에는 핵심 구성원의 숫자를 파악했습니다. 그리고 각각 핵심 구성원들이 얼마만큼 전도를 할 수 있는지, 또 얼마만큼이나 성경공부를 진행할 수 있는지 예측했습니다. 마치 실적 위주로 분기마다 계획을 세우고 평가하는 회사 같다는 생각을 많이 했습니다. 적어도 저의 입장에서는 인간적인 전략을 통해 그리스도의 계절을 앞당기겠다는 모습은 지나치게 순진하거나 지나치게 교활한 모습처럼 보였습니다. 그리스도의 계절을 앞당기고자 하는 진지한 고민이 없었기에 끌려가는 순진함이거나 혹은 그리스도의 계절이라는 목적 때문에 지나치게 인간적인 수단을 선택하는 교활함이라 생각했습니다.

25살 대학교 3학년 2학기가 되었을 때에 저에게 하나의 기회가 찾아왔습니다. 소속된 선교단체의 대학교 대표가 되어 제가 갖고 있던 문제의식을 실험해볼 수 있게 된 것입니다. 저는 대표가 되자마자 대대적인 개혁에 나섰습니다. '인간적인 전략'에 의존해서 사역했던 모습을 바꿔가고자 차근차근 구성원들을 설득했습니다. 신학기가 되면 전도 목표 숫자, 제자훈련 목표 숫자를 구체적으로 설계하던 모습은 불신앙의 모습이라고 설득했습니다. 그리고는 오히려 우리는 하나님의 주권을 인정하고 고백해야 한다고 설득했습니다. 차근차근 소속된 공동체의 문화와 사역 전반적인 부분을 바꿔나갔습니다. 모여서 회의하고 계획하고 목표를 달성하고자 했던 이전의 문화를 바꿔갔습니다. 이제는 함께 모여서 기도하기 시작했고 예배하기 시작했습니다. 목표를 달성하기 위한 우리의 열심이 아니라, 세상을 바꿔나가기 위한 하나님의 열심을 의지하기 시작했습니다. 모여서 기도하고 예배할수록 하나님에 대한 신뢰가 더욱 커져갔습니다. 우리의 전략보다는 하나님의 섭리를 기대하는 마음 또한 커져갔습니다. 대표로 있던 1년 동안 많은 부분을 변화시킬 수 있었습니다. 말그대로 개혁에 성과가 있었던 것입니다.

하지만 얻는 만큼 잃는 것도 있었습니다. 선교단체가 다소 변화되면서 그만큼 새로운 구성원들이 합류했습니다. 하지만 그와 함께 기존 선교단체 문화에 익숙했던 기존 구성원들과의 골이 깊어졌습니다. 거칠게 개혁을 밀어붙이는 저에 대한 반감이 생겼던 것입니다. 뿐만 아니라 구체적인 전략을 세우고 사역을 진행했던 때와는 달리 눈으로 확인할 수 있는 수

치들이 현저히 떨어졌습니다. 작년 대비 전도 숫자도, 성경공부 진행 숫자도 결코 좋지 않았습니다. 다들 하나님께 대한 기대와 신뢰는 커진 반면, 인간적인 전략과 열심에 의지했던 사역은 그 동력을 잃었습니다. 1년 간의 대표사역을 마무리하던 무렵 저는 매일 홀로 걷고 또 걸으며 지난 1년 간의 일을 성찰했습니다. 분명 잘한 일도 있었습니다. 도움을 받고 회복을 경험했던 이들도 있었습니다. 반면 못한 일도 있었습니다. 갈등을 야기했고 마음을 상하게 만들었던 이들도 있었습니다. 1년 동안 누구보다 열심히 선교단체를 위해 봉사했는데 뿌듯함보다는 허탈함이 더 컸습니다. 인간의 전략을 포기하고 하나님을 신뢰하자고 말했던 저는, 사실 공동체를 위한 저의 전략을 포기하지 못했습니다. 덕분에 저 스스로가 하나님을 신뢰하지 못하고 개혁을 밀어붙였던 것에 대한 자괴감을 쉽게 떨쳐내지 못했습니다.

만약 교회 안에 반석과 돌밭이 뒤섞여있다면, 알곡과 가라지가 뒤섞여있다면, 적어도 교회를 위해 열심히 봉사하는 나 자신은 반석이며 알곡이라는 자신감을 갖고 살아갑니다. 하지만 어느 순간 우리는 스스로의 민낯을 발견합니다. 교회를 위한다는 이유로 다른 이들에게 상처를 주던 나 자신의 모습, 그리고 교회를 위한다는 이유로 교회 안에 갈등을 야기하고 분열의 도구가 되었던 나 자신의 모습을 발견합니다. 그리고 그제야 비로소 알게 됩니다. 알곡 같았지만 가라지였던, 그리고 반석 같았지만 돌밭이었던 자신의 모습을 말입니다. 교회를 교회답지 못하게 망치고 있던 빌런은 바로 **교회를 위해 충성과 봉사를 다하던 나 자신**이었던 것입니다. 우리는 앞서 교회 안에는 알곡과 가라지, 반석과 돌밭이 섞여 있다는 혼합된 몸(corpus permixtum)의 개념에 대해서 알아보았습니다. 하지만 이는 단순히 교회라는 하나의 공동체 내에 반석 같은 지체와 돌밭 같은 지체가 뒤섞여있다는 사실에만 그치지 않습니다. 교회 안에 있는 한 개인에게도 (마치 동전의 양면처럼) 반석 같은 모습과 돌밭 같은 모습이 절묘하게 공존한다는 의미이기도 합니다. 교회라는 공동체 전체만이 혼합된 몸(corpus permixtum)이 아니라 저도, 현지우 권사님도, 그리고 교회로 부름받은 우리 개개인 또한 혼합된 몸(corpus premixtum)입니다. 즉, 우리 모두는 죄를 범한 형제이자, 죄를 범한 형제를 용서해야 할 의무를 지닌 교회의 구성원입니다.

돌밭이기에 곧 반석이다

다시 마태복음 16장 18절로 돌아옵시다.

"너는 베드로라 내가 이 반석 위에 내 교회를 세우리니"(16:18b)

예수님은 베드로 위에 교회를 세우셨습니다. 대단한 신앙고백을 하고 있는 베드로 위에 교회를 세우신 것이 아닙니다. 오히려 예수님을 넘어지게(23절)하는 베드로 위에 교회를 세우셨습니다. 여기서 '넘어지게'(23절)에 사용된 단어는 제자들 모두가 예수님을 버리리라(26:31) 예언하실 때, 또한 베드로가 예수님을 버리지 않겠다(26:33)고 장담할 때에 사용된 '버리다'(26:31, 33)는 단어와 동일한 헬라어 σκανδαλίζω입니다. 또한 이 단어는 (앞서 살펴본 바와 같이) 18장 6절, 7절, 8절, 9절에 각각 실족하다 혹은 범죄하다로 등장한 바가 있습니다. 예수님은 자신을 넘어지게(σκανδαλίζω) 만든 베드로, 끝내는 자신을 부인한(σκανδαλίζω) 베드로 위에 교회를 세우셨습니다. 그리고는 이내 (제자들을 비롯한) 베드로에게 (교회는) 결코 (돌밭 혹은 가라지 같은) 작은 자를 실족하게(σκανδαλίζω) 해서는 안된다고 말씀하셨다는 겁니다. 이미 넘어지게 만든 바가 있는 돌밭 위에 교회를 세우시면서도 더 이상 넘어지게 해서는 안된다고 부탁하는 역설이라니요.

새번역에 따르면 베드로는 예수님을 걸려 넘어지게 만드는 '걸림돌'(σκανδαλίζω)입니다. 이는 베드로의 이름이 가지고 있는 뜻이기도 합니다. 베드로는 돌밭입니다. 말씀을 기쁨으로 받았다가 '말씀으로 말미암아 환난과 박해가 오면 곧 넘어지는(σκανδαλίζω) 자'(13:21), 즉 '걸림돌'(σκανδαλίζω)입니다. 베드로는 한낱 걸림돌(σκανδαλίζω)에 불과한 돌밭(πετρώδης)입니다. 그는 예수님을 부인한(σκανδαλίζω) 존재입니다. 따라서 베드로는 일만 달란트 빚진 자입니다. 이에 응당한 심판을 받아야 마땅하지 않을까요? 하지만 예수님께서는 응보적 정의의 방식으로 베드로를 심판하지 아니하시고, 회복적 정의의 방식으로 베드로를 다루십니다. 바로 베드로 위에 교회를 세우신 것입니다. 걸림돌(σκανδαλίζω)에 불과한 돌밭(πετρώδης) 위에 교회를 세우셨습니다. 따라서 베드로는 일만 달란트의 빚(ὀφείλω)을 탕감받은(ἀφίημι) 자이기에 백 데나리온에 불과한 빚(ὀφείλω)을 가진 자들, 이른바 자신에 비해서는 한없이 죄(ὀφείλω)가 가벼운 다른 돌밭들을 용서할(ἀφίημι) 의무를 지게 됩니다. 만약 베드로가 다른 돌밭들의 잘못(ὀφείλω)을 용서(ἀφίημι)하지 않는다면, 베드로에게 베푸신 하나님의 죄(ὀφείλω) 용서(ἀφίημι) 또한 무효로 돌아갈 것이기 때문입니다.

즉, 베드로가 반석(πέτρα)인 이유가 여기에 있습니다. 베드로가 반석(πέτρα)인 이유는 그가 일만 달란트 빚진 자이기 때문입니다. 이미 탕감(ἀφίημι)받은 존재는 다른 형제의 잘못(ὀφείλω)을 용서(ἀφίημι)할 수밖에 없습니다. 교회 안에는 돌밭(πετρώδης) 같은 사람과 반석(πέτρα) 같은 사람이 각각 따로 있는 것이 아닙니다. 우리 모두는 돌밭(πετρώδης)과 반석(πέτρα)이 혼합된 몸(corpus permixtum)입니다. 그 중에서 몇몇 사람만이 스스로가 다른 누군가를 걸려 넘어트리는(σκανδαλίζω) 돌밭(πετρώδης)이었음을 자각할 따름입니다. 스스로가 실족하게(σκανδαλίζω) 만드는 돌밭(πετρώδης)이었다는 자각은, 곧 교회 안의 다른 돌밭(πετρώδης)들에 대한 관용으로 이어집니다. (용서를 받은 만큼 용서를 베풀 수밖에 없겠지요) 여기서 역설이 발생합니다. 다른 돌밭(πετρώδης)을 관용하는 순간만큼은 그가 반석(πέτρα)의 역할을 담당하게 되는 것이지요. 베드로의 사례가 꼭 그와 같습니다. 베드로가 예수님을 부인하지(σκανδαλίζω) 않겠다고 장담할 때에는 (아직까지는 부인하지 않았음에도) 기껏해야 돌밭(πετρώδης)입니다. 예수님뿐만 아니라 다른 사람을 넘어지게 만드는 걸림돌(σκανδαλίζω)의 운명을 피할 수 없습니다. 하지만 베드로가 자기 자신이 걸림돌(σκανδαλίζω)이며 돌밭(πετρώδης)에 불과했다고 깨닫는 동시에 그는 작은 자들을 실족하지 않게 만들 수 있는, 죄 범한 형제를 용서할 수 있는, 백 데나리온의 빚을 탕감해줄 수 있는 반석(πέτρα)이 됩니다.

예수님은 바로 돌밭(πετρώδης)임을 자각하게 될 베드로를 반석(πέτρα)이라 부르신 것입니다. 그리고 그 위에 교회를 세우시겠다 약속하신 것입니다. 자신 스스로가 돌밭(πετρώδης)에 불과하다는 사실을 아는 자만이 다른 돌밭(πετρώδης)에게 관용을 베풀 수 있습니다. 자신이 돌밭(πετρώδης)임을 아는 자만이 (다른 돌밭에게만큼은) 반석(πέτρα)의 역할을 감당할 수 있습니다. 교회는 바로 일만 달란트의 빚을 탕감받은 사람들의 모임입니다. 나 자신이 탕감받은 존재임을 알기에 동료들의 백 데나리온 빚을 탕감해줄 수 있는 곳, 그곳이 바로 교회입니다.

서로 사랑할 수 있는 겸손이 필요하다

현지우 권사님은 그동안 교회의 수많은 일들을 감당해오셨습니다. 간이주방을 개선하는 일, 교회 건물 내부를 리모델링 하는 일, 새롭게 교회 건물을 건축하는 일, 새로운 담임목사님을 청빙하는 일 등. 교회라는 조직운영의 관점에서 보면 훌륭한 일꾼이었습니다. 아마도 많은 사람들이 현지우 권사님을 교회를 든든히 세워가는 반석(πέτρα) 같은 분이라 생각했을 겁니다. 또한 현지우 권사님도 스스로를 반석(πέτρα) 같은 역할을 감당하고 있다고 생각했을 겁니다. 하지만 교회는 세상과 같은 조직운영의 관점에서 판단될 수 없습니다. 예수님께서는 다양한 의사결정 과정 가운데 탁월한 의견을 내는 사람 혹은 탁월한 의견을 바탕으로 조직운영을 잘하는 사람을 고르지 않으셨습니다. (만약 그런 사람을 골랐더라면 가룻 유다가 가장 적합한 인물이었을 것입니다!) 예수님께서는 베드로를 고르셨습니다. 베드로에게 있는 단 하나의 자질을 보았습니다. 바로 예수님 자기 자신을 부인할 걸림돌(σκανδαλίζω)의 자질입니다. 여기에 바로 교회가 지향해야 할 비전에 대한 메시지가 담겨있습니다. 교회는 탁월한 의사결정을 바탕으로 조직운영을 잘 해서 30배, 60배, 100배로 불려나가는 조직이 아닙니다. 오히려 교회는 한낱 걸림돌(σκανδαλίζω)에 불과한 돌밭(πετρώδης)들을 불러 모아 그들의 죄(ὀφείλω)를 용서(ἀφίημι)하고 그들을 회복시키는 곳입니다. 따라서 교회는 애써 (교회 운영에 도움이 될만한) 반석(πέτρα)과 (교회 운영에 도움이 되지 않을) 돌밭(πετρώδης)을 가리지 않습니다. 우리는 모두 한 교회로 부름받은 (각기 다른) 지체입니다.

하지만 교회는 겉으로 보기에는 분명 세상조직과 크게 다르지 않습니다. 서로 비교하고 계급을 나누는 세상조직의 문화가 여전히 교회 안에도 있습니다. 하물며 예수님을 따르는 제자들조차도 "천국에서는 누가 크니이까?"(18:1)라고 질문했으니까요. 우리는 교회 안에서 누가 더 헌금을 많이 하는지 혹은 누가 더 봉사를 많이 하는지 등의 잣대로 서로를 평가합니다. 또 때로는 (신앙과 무관하게) 교회라는 조직운영에 도움이 되는 사람에게 지나치게 호의적인 태도를 보이기도 합니다. 하지만 예수님께서는 우리에게 헌금을 많이 하라거나 혹은 봉사를 더 많이 하라거나 혹은 교회 조직의 규모를 확장하라는 요구를 하지 않으셨습니다. 다만 우리에게 (새 계명으로) 서로 사랑하라 말씀하셨을 따름입니다.

> "서로 사랑하라 내가 너희를 사랑한 것 같이 너희도 서로 사랑
> 하라 너희가 서로 사랑하면 이로써 모든 사람이 너희가 내 제자
> 인 줄 알리라"(요 13:34-35)

교회 안에 있는 형제자매들이 서로를 비교하는 것은 결코 마땅치 않습니다. 교회라는 조직운영에 얼마나 더 도움이 되는지를 따지는 것도 마땅치 않습니다. 우리는 한 교회로 부름받은 지체입니다. 서로를 향한 판단을 금하고 서로를 있는 모습 그대로 사랑하는 것이 마땅합니다.

서로 사랑하라고 부름받은 우리에게 필요한 것은 겸손입니다. 겸손은 '우리 모두 인간이기에 죄를 짓기 쉬움을'[29] 인정하는 것입니다. 기껏해야 (너나 나나) 우리는 하나님 앞에서 인간입니다. 스스로가 (다른 사람들에 비해서) 반석(πέτρα) 같다고 자신해왔던 바를 나지막이 철회하는 것이 겸손입니다. 나도 누군가에게는 걸림돌(σκανδαλίζω)에 불과한 돌밭(πετρώδης)이었다는 사실을 겸허히 인정하는 것이 겸손입니다. 마찬가지로 내 곁에 있는 죄 범한 형제가 있다면 그도 누군가에게는 반석(πέτρα)이 될 수 있는 가능성을 인정하는 것이 겸손입

---

29   로버타 본디, 황윤하 역, 『주께서 사랑하시듯 사랑하라』, 비아, 120.

니다. 겸손은 우리의 존재를 있는 그대로 인정하는 것입니다. 우리가 행한 선과 사랑은 하나님의 능력에서 비롯되었을 따름입니다. 누군가가 죄악을 범했다고 한들 우리와 크게 다르지 않습니다. 따라서 겸손은 서로를 있는 모습 그대로 존중하게 만듭니다. 그 사람이 갖고 있는 신앙의 직분, 헌금과 봉사의 유무, 지금껏 쌓아온 신앙과 선행의 이력 등 중요할 수 있는 모든 판단을 중지하고 그 사람의 존재를 바라보게 만듭니다.

현지우 권사님의 후회는 여기에서 기인합니다. 스스로가 반석(πέτρα)이라고 자임해왔지만, 교회를 위한다는 핑계로 꽤 많은 사람들을 걸려 넘어지게(σκανδαλίζω) 만든 돌밭(πετρώδης) 이었음을 깨달았기 때문입니다. 정작 교회다운 교회를 위해 현지우 권사님에게 필요한 것은 겸손이었습니다. 탁월한 의견에 근거한 의사결정보다, 다른 형제자매를 있는 모습 그대로 존중하고 세워줄 수 있는 겸손이 더 필요했습니다. 늦었지만 이제야 현지우 권사님은 알게 된 것입니다. 자기 자신이 교회라는 '조직'을 너무 사랑했던 나머지 실제 교회의 지체들인 '형제자매'를 사랑하지 않았음을 말입니다.

혼합된 몸을 교회라 부르신다

지금껏 현지우 권사님은 교회의 의사결정 가운데 중요한 역할을 감당해오셨습니다. 무척 귀한 일입니다. 현지우 권사님이 아니었더라면 교회는 몇 번의 고비를 마주했을지도 모르겠습니다. 하지만 중요한 의사결정의 과정마다 현명한 결론을 내린다고 해서 교회가 교회다워지는 것은 또 아닙니다. (만약 그렇다면 탁월한 CEO를 선임해야 할 것입니다) 교회의 본령은 일만 달란트 빚진 자들을 불러모아 그들의 빚(ὀφείλω)을 탕감(ἀφίημι)하고 회복하는 것에 있습니다. 이는 진정 거룩함의 원천이신 예수님께서 교회와 함께 하시기 때문에 가능한 일입니다. 따라서 교회는 백 데나리온 빚진 동료를 용서합니다. 죄 범한 형제를 교회 밖으로 쫓아내지 않습니다. 작은 자를 실족하지 않게끔 조심합니다. 교회는 길 잃은 한 마리의 양을 찾으시고 기뻐하시는 예수님과 함께 하는 공동체입니다. 따라서 교회가 필요로 하는 사람은 일만 달란트의 빚(ὀφείλω)을 탕감(ἀφίημι)받았다는 사실을 깨닫는 사람이며, 스스로가 다른 사람을 걸려 넘어지게(σκανδαλίζω) 만든 돌밭(πετρώδης)임을 인정하는 사람입니다. 이른바 겸손의 사람이 필요합니다. 지금껏 교회의 의사결정에 깊이 관여해오셨던 현지우 권사님의 탁월함은 분명 교회에 큰 기여를 해오셨습니다. 하지만 교회의 교회다움을 위해 더욱 필요한 것은 (탁월함이 아니라) 바로 겸손입니다. 이제야 실족하게 만들었던 형제자매들에게 미안함을 갖게 된 현지우 권사님의 겸손이야말로 그동안 교회가 고대해왔던 참된 직분자의 자질이 아니었을까요?

베드로는 충분히 의분이 넘치는 멋진 사람이었습니다. 아마도 그는 예수님을 끝까지 버리지(σκανδαλίζω) 않고 지키려고 했을 것입니다. (요한복음에 따르면) 예수님을 끌고 가려했던 대제사장의 종 하나에게 칼을 휘둘렀던 사람이 바로 베드로니까요. 하지만 스스로가 반석이라고 굳게 믿고 있던 베드로 위에는 교회를 세울 수 없었을 것입니다. 그는 분명 대제사장의 종 하나에게 뽑았던 칼을 형제자매에게도 뽑았을테니까요. 따라서 교회는 반석(πέτρα) 위에만 지어질 수 없습니다. 신약성경과 기독교에서 큰 비중을 차지하고 있는 사도 바울 또한 마찬가지입니다. 그는 하나님을 충실히 믿었던 열심의 사람[30]이었습니다. 자신의 의로움에 대한 확신에 근거하여 동일한 하나님을 믿는 이들에게 폭력을 휘두를 수 있는 바울 위에 교회를 세울 수는 없었을 것입니다. 하지만 다마스커스로 가는 길에서 빛을 발견하고 눈이 보이지 않는 경험을 한 바울은 달랐습니다. 빛 앞에서 자신 스스로가 어둠이었음을 알게 된 바울, 즉 스스로가 반석(πέτρα)이 아닌 돌밭(πετρώδης)

---

30 "토라에 대한 열심이 있었는데, 이는 모세에 대한 열정을 가지는 것 이상을 의미했다. 열심이 있다는 것은 이스라엘과 이방인 간의 신성한 구별을 위협하는 유대인에게는 기꺼이 폭력도 행사할 수 있다는 뜻이었다. … 이와 비슷하게, 그리스도인들을 박해했던 바울의 '열심'은 그들이 유대인과 이방인의 완벽한 경계를 위협하고 유대 민족의 거룩함을 위험에 빠뜨린다고 생각했기 때문이었다." 마이클 버드, 백지윤 역, 『손에 잡히는 바울』, IVP, 51-52.

임을 알게 된 바울은 달랐습니다. 하나님의 교회는 걸림돌(σκανδαλίζω)에 불과했던 돌밭(πετρώδης) 같았던 베드로와 바울을 불러 일만 달란트의 빚(ὀφείλω)을 탕감(ἀφίημι)한 이후 그들 위에 교회를 세우셨습니다. 교회는 바로 서로의 죄(ὀφείλω)를 용서(ἀφίημι)할 수 있는 공동체여야 하기 때문입니다.

매끈한 반석(πέτρα) 위에는 교회가 세워지지 않습니다. (사실 이는 착각이기 때문입니다) 따라서 누가 봐도 흠이 없는 반석(πέτρα)처럼 우뚝 선 아름다운 교회도 (이론적으로나 현실적으로나) 존재할 수 없습니다. 교회는 혼합된 몸(corpus permixtum)입니다. 교회 안에 한 지체로 엮여있는 우리 또한 반석(πέτρα)과 돌밭(πετρώδης)을 동전의 양면처럼 지니고 있는 혼합된 몸(corpus permixtum)입니다. 전혀 그리스도인답지 않은 나 자신을 두고 그리스도인이라 말할 수 있을까요? 당연합니다! 당신을 그리스도인으로 부른 근거는 당신이 지니고 있었던 거룩함의 자질이 아니라, 당신을 회복시키시는 거룩함의 원천이신 예수 그리스도께 있습니다. 전혀 그리스도인답지 않은 이들이 모인 우리들의 모임을 교회라 부를 수 있을까요? 당연합니다! 도덕적이고 종교적인 사람들이 모인다고 해서 그곳을 우리는 교회라 부르지 않습니다. 오히려 거룩함의 원천이신 예수 그리스도께서 좌정하고 다스리시는 곳, 따라서 때로는 누군가에게 걸림돌(σκανδαλίζω)에 불과했던 돌밭

(πετρώδης)인 우리가 예수 그리스도로 말미암아 서로에게 반석(πέτρα)이 되는 곳, 일만 달란트 빚(ὀφείλω)을 탕감(ἀφίημι)받았기에 서로의 죄(ὀφείλω)를 용서(ἀφίημι)할 수 있는 곳, 그곳이 바로 교회입니다.

나가는 말 : 각자 절망하고 서로에게 가능성을 발견한다

다양한 사람들이 모인 교회는 매번 의사결정을 할 때마다 갈등이 일어납니다. 앞서 살펴본 챕터에서는 갈등 자체가 문제는 아니며, 교회의 리더십에게 갈등을 재빨리 해결하라고 촉구하는 것은 바람직하지 않다는 사실을 살펴보았습니다. 하지만 그렇다 한들 갈등은 우리에게 상처를 안깁니다. 교회라는 특성상 갈등은 피하기 어렵지만, 막상 갈등을 겪는 것은 우리 각 개개인 당사자들이기 때문입니다. 더군다나 앞서 살펴보았던 것처럼 가끔 우리는 교회 내의 갈등이 일어날 때에 상대방을 사탄의 조종을 받게 되었다고, 적그리스도에게 속고 있다고, 미혹의 영에게 씌었다고 매도합니다. 갈등은 곧 지나갈지 모르지만 갈등 당시에 주고 받은 말과 상대에 대한 인식은 고스란히 남습니다. 따라서 이러한 갈등의 여파는 결국 교회의 하나됨을 해치게 만듭니다. 교회 건축을 앞두고 최소한의 대출을 주장했던 이들과 교회 건축을 앞두고 가능한 최대치의 공사를 주장했던 이들은 건축이 끝나고도 한 형제 자매로 봉합되지 않습니다. 우리는 이미 결정을 내리고 난 이후에도 상대의 의견이 옳은지 혹은 우리의 의견이 옳은지에 계속해서 관심을 갖기 때문입니다. 그 이유는 무엇일까요? 바로 우리가 교회를 잘못 이해했기 때문입니다. 교회를 사역과 선교를 통해 좋은 결과를 내야 하는 사업체와 같이 이해하고 있기 때문입니다.

교회는 다양한 사람이 공존하는 공간입니다. 이사야 11장의 비전이 이뤄지는 곳이며, 바울이 노래하던 유대인과 이방인, 남성과 여성, 종과 자유인의 차별이 극복되는 하나님나라가 바로 교회입니다. 따라서 교회의 교회다움을 위해서 우리에게 요구되는 것은 다름 아닌 서로 사랑하는 것입니다. 서로 사랑한다는 말은 곧 서로의 존재를 있는 그대로 인정하는 것입니다. 이는 결국 상대가 알곡인지 가라지인지 판단을 보류하는 것입니다. 오히려 상대도 나와 동일하게 알곡과 가라지, 그리고 반석과 돌밭이 함께 혼합된 몸(corpus permixtum)임을 인정하는 것입니다. 이는 결국 교회의 참된 소망이 알곡과 같은 신자들에게 있는 것이 아니라, 가라지를 알곡으로 능히 바꿀 수 있는 거룩함의 원천이신 예수님께 있다는 의미입니다. 예수님을 신뢰할 수 있다면 우리는 상대에 대한 판단을 잠깐 멈출 수 있습니다. 그 상대를 교회로 불러내신 분이 예수님이시기 때문입니다.

교회의 목회자로 살아가는 이들은 늘 온갖 판단을 내립니다. 수련회 날짜를 결정하고, 수련회 장소를 결정하고, 수련회 주제를 결정합니다. 매년 새해가 되면 표어와 목표를 결정합니다. 어떤 중요한 의사결정으로 다툼이 일어나면 이를 어떻게 해결해야 할지도 결정합니다. 따라서 매일 새벽마다 명철한 판단력을 달라고 기도합니다. 목회자의 판단력에 때로는 교회가 갈라질 위험이 생길 수도 있으니까 말입니다. 하지만 매번 교회를 사임할 때마다 아쉬운 마음이 몰려듭니다. 그동안 교회를 위해 어리석은 판단을 했던 순간보다는, 그동안 교회에 속한 교우들을 이해하지 못했고 사랑하지 못했던 순간들이 기억나기 때문입니다. 때로는 내 안에 어떤 교우를 미워하고 원망하는 마음이 여전히 남아있다는 사실을 발견할 때마다 깜짝 놀라게 됩니다. 그동안 교회를 위해 헌신했다고 생각했는데 사실 헌신했던 곳은 교회라는 '조직'에 불과했습니다. 실제 교회를 일구고 있는 형제자매들에게는 헌신하지 못했습니다. 하나님은 어떤 기관 혹은 조직을 '교회'라 부르지 아니하시고, 하나님께서 구원한 백성들을 '교회'라 부르셨습니다. 그리고는 서로 사랑하라고, 서로 용서하라고, 서로 하나의 몸을 일구라고 말씀하셨습니다.

이번 챕터에서 저는 마태복음 본문에 등장하는 베드로라는 반석 위에 교회를 세우시겠다는 예수님의 말씀을 중심으로 교회가 어떤 공동체이며, 교회에 소속된 우리들은 어떤 가치를 지향해야 하는지에 대해 살펴봤습니다. 앞서 등장한 현지우 권사님의 참회는 곧 우매하게 살았던 자기 자신의 과거를 참회하는 현명함이었습니다. 누구보다 교회를 사랑하고 아끼기 때문에, 다들 교회에 진심이기 때문에 다퉈왔던 과거에 대한 진실한 반성이었습니다. 예수님을 버리지(σκανδαλίζω) 않겠다고 장담했던 베드로는 예수님을 버린(σκανδαλίζω) 이후에야 자신의 진심어린 장담이 얼마나 무익했는지 알 수 있었습니다. 또한 주의 제자들을 박해하던 바울은 다마스커스로 가는 길에서 예수님을 만난 후에야 자신의 열심이 얼마나 무익했는지 깨닫게 되었습니다. 현지우 권사님 뿐만이 아니라 우리 또한 크게 다르지 않을 것입니다. 우리는 앞으로도 교회의 다양한 의사결정 앞에서 다툼을 벌이며 서로의 의견이 더욱 지혜롭다고 생각할 것입니다. 때로는 그런 우리의 진지한 고민과 토론이 교회에 도움이 되는 경우도 분명 있을 것입니다. 하지만 그럼에도 불구하고 우리가 진정 교회다움을 이루기 위해서라면, 서로를 이해하고 사랑하고 존중할 수 있는 겸손이 필요합니다. 따라서 때로는 우리에게도 예수님을 버린(σκανδαλίζω) 베드로의 경험이, 주의 제자들을 박해하다가 다마스커스로 가는 길에서 예수님을 만난 바울의 경험이 필요할지도 모르겠습니다.

교회는 조직이 아닙니다. 따라서 잘난 사람들만 모이고, 똑똑한 사람들만 모여서 확장을 꾀하는 조직은 교회가 아닙니다. 도덕적이고 종교적인 사람들이 모여 우리의 구별됨을 자랑하는 집단 또한 교회가 아닙니다. 잘난 사람과 못난 사람이 뒤섞여, 때로는 똑똑한 사람과 어리석은 사람이 뒤섞여, 또한 세속적인 사람과 영적인 사람이 뒤섞여 거룩함의 원천이신 예수 그리스도의 주인 되심을 고백하는 각양각색의 사람들이 바로 교회입니다. 따라서 우리는 각자 스스로에게 절망하는 동시에, 각자 서로에 대하여 가능성을 발견합니다. 예수 그리스도께서 우리와 함께 계시기 때문입니다. 따라서 우리는 돌밭을 걸러내지 않습니다. 가라지를 솎아내지 않습니다. 오히려 우리 스스로가 돌밭이요 가라지였음을 고백하는 동시에 우리를 반석이며 알곡으로 만들어가시는 신비를 찬양할 따름입니다. 돌밭과 반석, 가라지와 알곡이 혼합된 몸(corpus permixtum)인 우리가 바로 교회입니다.

더하는 말 : Keyword - '어른'

교회건축, 담임목사 청빙 등 교회의 미래를 결정할 수 있는 중차대한 결정 앞에서는 의견이 다른 사람들 사이의 갈등이 심화되기 마련입니다. 어떤 문제를 놓고 A안을 지지하는 집단과 B안을 지지하는 집단이 있다면 서로의 간극은 나날이 벌어집니다. 그때마다 교회 안에는 독특한 역할을 감당하는 존재들이 있었습니다. A안을 지지하는 집단의 사람들과 B안을 지지하는 집단의 사람들 모두가 의지하고 조언을 구하며, 기도를 부탁하는 존재들이 있었습니다. 바로 '어른'이라 불리는 사람들입니다. 어떤 집단에 속한 사람들이 찾아왔을 때에 속칭 '어른'이라 불리는 사람이 만약 묘책이나 술수에 대해서 조언했더라면, 혹은 반대되는 B안 혹은 A안으로 설득하려 했더라면, 혹은 인간적인 방법을 통해 갈등을 매듭지으려 했더라면, 더 이상 그 사람은 '어른'의 역할을 감당하지 못할 것입니다. 제가 경험한 갈등상황 속에서의 어른은 인간적인 방법으로 접근하지 않았습니다. 단지 존재 그 자체만으로 양 집단 사이의 징검다리 역할을 감당했습니다. A집단의 사람이건, B집단의 사람이건, '어른'을 만나고 나면, '어른'에게서 본 이해, 용납, 환대의 힘에 의해 상대 집단에 대한 적개심이 사라지는 측면이 있었습니다. 말 그대로 그들은 '어른'이었습니다.

'어른'을 썩 좋아하지는 않았습니다. 교회 안에 '갈등'이라는 일이 일어나기 전까지만 하더라도 그들은 전혀 이해할 수 없는 존재들이었기 때문입니다. 세상이 시끄럽고, 교회가 시끄럽고, 이런 저런 일로 바쁠 때에도 그들은 초연했습니다. 단지 골방에 틀어박혀 기도만 하면 다 된다는 것처럼 반응했습니다. 젊은 목회자의 입장에서는 어떻게든 교회를 다시 세워가야 하지 않을까 고민하며 대책을 궁구하느라 정신이 없는데 그들은 언제나 초연해보였습니다. 때로는 그들이 교회 안의 반지성주의의 산물이라는 말을 듣기도 했습니다. 하지만 '갈등'이 일어난 이후 그들의 진면목을 발견할 수 있었습니다. 교회와 세상에 대해 너무 많은 관심을 갖고 있어서 이런 말과 저런 말을 '조언'하는 사람들은 많았습니다. 하지만 그들은 갈등 앞에서 전혀 힘을 발휘하지 못했습니다. 반면 교회와 세상에 대해 초연한 채로 기도하던 '어른'들은 갈등이 일어날 때마다 서로 다른 양 집단을 포용하는 힘을 발휘했습니다. 갈등 국면에서 도저히 탈출구를 찾지 못할 때, 갈등 국면에서 자기주장에 대한 확신이 점점 흐릿해질 때, 또한 갈등 국면에서 나와 대립하던 형제자매에 대한 적개심이 커져갈 때, 그때마다 '어른'은 그들에게 길을 열어주었습니다. (그곳은 자신들이 지나왔던 길이었으니까요)

'어른'은 어떤 존재이길래, 어떻게 만들어졌길래 그것이 가능했을까요? 시간이 지나면서 저는 '어른'들이 각자 갖고 있던 서사를 알게 되었습니다. 그들에게도 '과거'가 있었습니다. 지금껏 몇 번이나 담임목사 청빙 과정에 참여하여 최선의 담임목사를 모셔오기 위해 아등바등했던 과거, 지금껏 몇 번이나 교회 건축 및 교회 리모델링 공사와 관련된 의사결정과정에 참여하여 교회의 미래를 위해 최선을 다해 씨름했던 과거, 또한 누구보다도 상대집단을 비토했던 과거가 지금의 '어른'을 만들었던 것입니다. 눈앞에 펼쳐진 현실이 곧 자신의 '과거'였기에, 그들은 '갈등' 국면에 매몰된 채 상대를 점점 미워하게 되는 이들의 마음을 알고 있었으며, '갈등' 국면에 매몰되게 만든 의사결정 자체가 생각보다 그리 중요하지 않다는 사실을 알고 있었습니다. 자신들이 생각했던 최선의 의사결정 때문에 교회가 힘들어하는 과정도 보았고, 자신들이 반대했던 의사결정 때문에 교회가 세워지는 과정도 겪었습니다. 덕분에 그들은 '최선의 의사결정'의 한계를 누구보다 잘 알고 있었습니다. 그래서일까요? 누가 찾아오더라도 그들은 자신의 과거를 보는 것처럼 대했습니다. 마치 과거의 자신과 같은 그들이 찾아오면 위로해주고, 격려해주고, 기도해줬습니다. 실수를 했다며 울먹이는 이들에게는 언제나 등을 토닥여주었습니다. '어른'들은 침묵을 통해 조언하고 있었습니다. 우리는 그렇게 '어른'이 되어가는 것이라고, 수많은 실수와 반성과 후회를 통해 성숙해가는 것이라고. 때로는 치열하게 싸우는 것도 다 미래의 자산이라고.

교회는 기관 혹은 제도가 아니라 사람입니다. 교회 안에 갈등이 일어나는 것 또한 사람이 모여있는 곳이기 때문이며, 교회 갈등이 봉합되는 과정에서도 사람의 역할이 중요하기 때문입니다. 세 번째 챕터는 저의 짧은 목회 여정에서 만나게 된 몇몇 '어른'들을 기억하면서 쓴 챕터입니다. 교회 내의 갈등이 첨예해질 때마다 역할을 감당했던 어른들의 잔상이 곳곳에 베여있습니다. '어른'의 역할을 감당하기 위해서는 얼마나 기나긴 시간 동안 후회와 반성을 거쳐야만 했을까요? 현지우 권사님을 창작하면서 떠올렸던 그림은, '어른'이 되기 직전 '어른'이 겪었을 고뇌 그 자체였습니다. 물론 그렇다고 '어른'이 할아버지나 할머니에 국한되는 것은 아닙니다. 각 지역 교회의 청년부 혹은 선교단체 내부에서 '어른'의 역할을 감당하는 선배들이 분명 있으니까요. 그들 또한 (할아버지 할머니처럼) 실수해 본 과거 때문에, 반성해 온 과거 때문에, 후배들의 실수와 고민 앞에 '어른'의 역할을 감당할 수 있었을 것입니다. 따라서 결국 '갈등' 국면에서 서로를 봉합하게 만들었던 '어른'에 대한 고민은, 그리스도 안에서 장성한다는 의미를 새삼 다시 생각하게 만들었습니다. '어른'은 적어도 성경읽기, 기도, 교회봉사 등의 업적을 통해 달성할 수 있는 존재는 아닌 것 같습니다. 오히려 많이 넘어지고 좌절하며, 스스로에 대한 반성의 시간이 켜켜이 쌓여가며 연단된 인격에 가까운 것 같습니다. 일종의 '역설'이지요. 그렇다면 또한 '어른'을 길러내야 하는 교회 역시 이런 '역설'의 과정을 이해할 수 있는 공동체여야겠지요. 잘하지 않더라도 괜찮다고 격려하며 실수와 좌절을 용납해주고 반성하며, 스스로 '어른'으로 장성하기까지 기다려주며 애정을 베푸는 공동체. 그런 의미에서 둘은 서로 맞물려있습니다. '사랑의 선순환'이라고 해야 할까요?

교회는 다툽니다. 특별한 문제 앞에 마주할 때마다 서로 다툽니다. 하지만 다투는 중에서도 몇몇 빛나는 '어른'들이 있습니다. 여전히 사랑하고, 여전히 용납하며, 남에게 상처를 주며 실수하는 이들조차도 끝끝내 기다림과 기도로 응원하는 '어른'들이 있습니다. 그들에 의해 '사랑의 선순환'이 돌아가는 이상, 교회는 여전히 교회일 수 있습니다. 눈에 보이는 교회라는 '조직'이 갈등 때문에 갈라지는 것처럼 보일 때라도, 그 안에는 여전히 사랑과 인내로 기도하며 기다려주는 '사람'들이 있을 테니까요. 과거의 '어른'들이야말로 오늘의 '어른'들을 길러냈고, 오늘의 '어른'들이야말로 미래의 '어른'들을 길러내는 방식으로, 시공간을 뛰어넘는 '사랑의 선순환'은 영원할 것입니다. 마치 예수 그리스도에게서 시작된 한량없는 사랑이 우리의 가슴에까지 닿은 것처럼 말입니다.

에필로그

"당신은 우리 곁에 있는 형제자매를 이해하고 계십니까?
혹은 이제는 이해하셨습니까?"

교회는 다양한 사람들이 모입니다. 남성도 있고 여성도 있습니다. 노년층도 있고 젊은층도 있습니다. 보수정당 지지자도 있고 진보정당 지지자도 있습니다. 부자도 있고 가난한 이들도 있습니다. 각자의 고민이 다르고, 생각이 다르며 삶의 자리가 다릅니다. 이처럼 다양한 형제자매들을 하나님은 '교회'라는 이름으로 묶어두셨습니다.

저는 의도적으로 교회가 갈등을 겪는 다양한 국면을 차근차근 다뤄가는 방식을 선택하지 않았습니다. 구체적인 실제 사례들을 언급하며 분석하는 방법을 선택하지 않았습니다. 오히려 가상인물의 이야기를 통해 특정 개인의 삶의 서사와 삶의 자리에서 나온 고민과 그 안에서 일어나는 내적갈등을 고스란히 보여주려 노력했습니다. 김호준 형제도, 박세직 집사도, 현지우 권사도 분명 결함이 있는 존재들이며 교회에 대해서 아직 알아가는 여정 가운데 있는 인물들입니다. 하지만 그렇다고 해서 그들의 서사와 고민과 내적갈등 전체를 부정하는 것은 옳지 않습니다. 실제 교회 내에서 일어나는 수많은 갈등 현장의 목소리들은 마치 '방언'과 같습니다. 그들의 비명을 진지하게 듣고 진의로 통역하지 않는 한 '울리는 징이나 요란한 꽹과리'(고전 13:1, 새번역) 소리에 지나지 않습니다.

따라서 저는 세 명의 각자 이야기를 통해, 또한 각자 이야기와 견주어 읽는 성경의 이야기를 통해, 교회갈등의 현장에서 내지르는 비명의 목소리를 통역해서 보여주려 애를 썼습니다. 즉, 이들이 야기하는 교회 내의 갈등 혹은 교회 내의 갈등 가운데 목소리를 높이는 이들의 비명을 '이해'시키기 위함이었습니다. 세 챕터의 서로 다른 이야기를 읽어가면서 김호준 형제의 입장, 박세직 집사의 입장, 현지우 권사의 입장에 조금이라도 수긍할 수 있었기를 바랄 따름입니다.

첫 번째 등장한 김호준 형제의 이야기는 교회 갈등의 원인이 때로는 개인의 신앙적 방황에서 기인할 수 있음을 보여주려고 했습니다. 교회가 어떤 사건으로 말미암아 '갈등'에 휩싸이게 될 때 터져 나오는 교회를 향한 온갖 비토의 목소리들이 있습니다. 목사님에 대한 분노, 중직자들에 대한 분노, 교회 운영과 시스템에 관한 분노, 혹은 이를 처리하는 전반적인 교인들의 태도에 대한 분노 등. 하지만 그런 분노 속에는 각 개인의 신앙적 방황이 결부되어 있을 때가 종종 있습니다. 이런 가정을 해보는 겁니다. '만약 신앙이 좋았던 때라면 나는 분노했을까?' 아마 참고 넘겼을 수도 있습니다. 때로는 갈등의 현장에서 화해를 만들어내는 방법을 모색했을 수도 있습니다. 하지만 신앙적 방황으로 말미암아 내적으로 누적된 고통이 어느새 갈등 현장에서 교회를 향한, 목사를 향한, 교인을 향한 분노로 표출되고 만 것이지요. 이는 사실 스스로의 신앙에 대한 분노에 가까울 때가 분명 있습니다. 물론 우리가 항상 신앙적으로 좋은 상태를 유지해야만 한다는 말은 아닙니다. 욥기를 통해 김호준 형제를 읽어가면서 제가 제안했던 개념 중의 하나는 '귀로 들었던 신앙'이 '눈으로 보는 신앙'으로 질적 전환되는 과정이었습니다. 이는 누구나 겪는 일입니다. 또한 좋은 일입니다. 다만 분명한 것은 개인이 겪는 신앙적 방황의 시간과, 교회가 마주한 갈등의 현장은 서로 별개의 영역이라는 점이겠지요. 덧붙여 김호준 형제의 교회 내의 가르침에 대한 불만에 답하면서 교회는 '다양한 구성원들의 모임'이며, 따라서 서로가 서로를 이해해줘야 할 필요성을 언급하며 이야기를 마쳤습니다. 세 친구도 욥을 이해할 필요가 있겠지만 욥 또한 세 친구를 이해할 필요가 있는 것처럼 말입니다. 이는 앞으로 이어질 이야기에도 반복되는 주제 중의 하나입니다.

두 번째 등장한 박세직 집사님의 이야기는 교회가 목사에게 카리스마 있는 리더십을 요구한다는 점을 보여주려고 했습니다. 특별히 대부분의 교회 갈등은 카리스마 있는 리더십의 존재로 말미암아 사라지게 되니까요. 카리스마 있는 리더십에도 다양한 종류가 있습니다. 군인 같은 리더십이 있습니다. 한 마디의 결정으로 온 교인을 통솔하는 리더십이 있습니다. 반면 스승 같은 리더십이 있습니다. 탁월한 가르침을 통해 온 교인을 제자로 삼는 리더십이 있습니다. 또 때로는 운동가 같은 리더십도 있습니다. 부패한 현실이 가득한 한국교회 내에서 대안적인 교회의 비전을 제시하면서 온 교인을 운동원처럼 엮는 리더십도 있습니다. 이와 같은 리더십은 다양한 교회 내의 구성원들을 무언가로(혹은 무언가를 통해) 획일화 시키려는 경향이 있습니다. 말 그대로 교회가 목사에 의해 좌우되는 결과로 이어집니다. 즉, 목사가 교회 내에서 강력한 리더십을 발휘한다면 교회 내의 갈등 대다수는 잠잠해지지 않을까 하는 고민을 현실적으로 하게 되는 것입니다. 의도적으로 카리스마 있는 리더십에 대한 열망을 박세직 집사님에게 투영했지만, 실제 교회현실 내에서는 카리스마 있는 리더십에 대한 열망을 목사님들 대다수가 품고 있는 경우가 더욱 많습니다. (저도 크게 다르지 않습니다) 나의 말 한 마디에 교인들 전체가 움직이는 광경을 무의식 중에 꿈꾸고 있는 것이지요. (특히나 무수히 반복되는 갈등을 겪는 중에는 더더욱 강력한 리더십을 갖기를 스스로 소망하게 됩니다) 하지만 저는 갈등해결의 관점이 아닌 갈등전환의 관점을 제시하면서 '갈등' 자체를 나쁜 것으로 보는 시각을 교정할 것을 제안했습니다. 이어서 바울서신 내의 갈등 및 사도행전 내의 갈등을 봉합한 사도 바울 및 열두 사도들의 리더십을 풀어냈습니다. 만약 우리가 교회를 NGO단체, 기업과 같은 기관 혹은 조직으로 본다면 강력한 리더십의 존재가 필요할 수도 있겠습니다. 하지만 교회는 기본적으로 '다양한 구성원들의 모임'이며, 다양한 구성원들 사이의 주도권 다툼과 갈등은 변수가 아닌 상수일 수밖에 없습니다. 더 나아가 강력한 리더십의 존재는 교회 내의 구성원을 획일화시킬 위험이 분명 존재합니다. 따라서 저는 박세직 집사님이 기다리던 리더십이 사실은 세리와 창녀조차 함께한 예수님의 리더십이며, 이방인과 유대인을 묶어낸 바울의 리더십이 아닐까 하는 제안으로 이야기를 마무리했습니다. 즉, 교회는 획일화된 구성원들이 모여 성장하고 부흥하는 조직이 아니라 (죄 많은 여인, 세리장 삭개오, 교사 니고데모, 사마리아 여인, 38년된 중풍병자 등의) 다양한 구성원들을 복음으로 묶어내는 그리스도의 몸이라는 메시지를 담고 있는 셈입니다.

세 번째 등장한 현지우 권사님의 이야기는 교회 내의 다양한 의사결정에서 중요한 역할을 감당했던 한 사람이 후일 겪게 되는 후회와 반성을 고스란히 보여주려고 했습니다. 대다수의 교인들은 교회 내에서 남긴 업적에 얼마나 자신의 공이 있는지를 자랑하는데 여념이 없습니다. 교회가 주차장을 구매하거나 강대상을 바꿀 때도, 교회가 리모델링을 하거나 새로운 담임목사님을 모실 때도, 자신이 얼마나 기여했는지를 자랑합니다. 또 그것이 교회를 위해 헌신한 모습이라 생각합니다. 하지만 문득 과거를 반추하다 보면 자신이 '교회'라는 조직을 위해 열심을 다해 일했을 망정, 교회의 다양한 지체인 형제자매들에게 상처주었던 순간이 떠오르게 됩니다. 현지우 권사님이 꼭 그러했습니다. 교회의 중요한 결정을 앞두고 자신의 의견에 반하는 형제자매들과 치열하게 다퉜던 경험, 때로는 미혹의 영에 씌었다며, 때로는 사탄의 수작에 넘어갔다며 비난하고 증오했던 경험이 떠올랐습니다. 교회는 '다양한 구성원들'의 모임이기에 의견 차이로 인해 종종 다툴 순 있겠지만, 실제 다툼 속에서 거친 말을 주고 받으며 상대를 실족하게 만들었던 우리 개개인은 과연 스스로 '그리스도인'이라 부를 자격이 있을까요? 더 나아가 그런 사람들이 '교회'라는 이름으로 모였다면 그곳은 진정 '교회'일 수 있을까요? 세 번째 이야기를 통해 전달하려고 했던 것은 '역설'이었습니다. 베드로가 예수님을 부인하지 않겠다고 장담했을 때는 '걸림돌'에 지나지 않았지만, 베드로가 예수님을 부인한 이후에는 교회를 세울 '반석'이 되었다는 이야기를 통해 교회를 세워가시는 하나님의 역설적 섭리를 그려내려고 했습니다. 우리 대다수는 교회라는 조직을 위해 애쓸 때마다 교회의 지체인 형제자매들에게 상처를 남깁니다. 하지만 자신이 남겼던 상처를 후회할 때마다 교회의 지체인 형제자매들을 세워나갈 수 있는 관용의 자세를 얻게 됩니다. 이른바 '은혜'의 역설이지요.

"용서받는 것이 적은 사람은 적게 사랑한다"(눅 7:47, 새번역)

교회는 어떤 곳입니까? 부흥하거나 성장해야만 하는 '조직'이 아닙니다. 서로 사랑하고 용서하는 '사람'의 모임이 바로 교회입니다. 정말 우리가 대망하는 교회다움은 형제자매들과 주고 받는 용서와 사랑, 환대와 우정에 있습니다. 무엇보다도 우리는 이를 교회 내에서 반복되는 다툼 속에서 새삼 확인할 수 있다는 메시지를 담았습니다.

원고의 마무리 작업을 하면서 애청한 곡이 있습니다. 바로 양희은 선생님의 〈엄마가 딸에게〉입니다. 흥미롭게도 양희은 선생님의 곡도 엄마와 딸 사이의 갈등을 고스란히 담고 있더군요. 무엇보다도 인상적이었던 것은 엄마가 딸에게 건네는, 또한 딸이 엄마에게 건네는 '서투른 말'에 있었습니다. '공부해라', '성실해라', '사랑해라'와 같은 거칠고 서툴기에 상처 주는 말들, 그리고 이로 인해 간극이 벌어지는 것만 같은 엄마와 딸의 관계. 하지만 그 곡에는 동시에 엄마 스스로의 말에 대한 후회와 반성의 감정, 그리고 딸을 향한 애틋한 감정이 담겨 있었습니다. 딸은 태어난 순간부터 엄마와 갈등합니다. 서로가 주고 받는 서투른 말들이 양자 간의 갈등을 심화시키는 것만 같습니다. 하지만 그럼에도 둘은 갈라지지 않습니다. 왜냐하면 서로를 향한 사랑, 각자 자기 자신을 향한 후회와 반성이 진심이기 때문입니다. 또한 말하지 않아도 서로가 알고 있거나 혹은 서로 알아갈 수 있기 때문입니다. 서로의 존재를 알고 있다면 다투지만 하나일 수 있습니다. 서로의 이름과 얼굴을 인지하고 있다면 다투면서도 여전히 사랑할 수 있습니다.

사실 제가 겪은 바에 따르면 교회 내의 갈등이 심화되는 이유는 바로 서로의 이름과 얼굴이 잘 인지되지 않기 때문입니다. 각자 살아온 삶과 신앙의 서사를 잘 모르기 때문입니다. '건축찬성파'라는 이름의 집단과 '건축반대파'라는 이름의 집단이 싸우고, '당회' 및 '노년층'이라는 집단과 '안수집사회' 및 '장년층'이라는 집단이 싸울 때에 다툼은 지나치게 과열되곤 합니다. 각각의 이름과 얼굴이 가려진, 소중한 개개인의 인격을 덮어버린 '-파, -회'라는 잘못된 이름과 얼굴 때문입니다. 다양한 구성원들이 모여있는 한 교회의 다툼은 변수가 아닌 상수입니다. 또한 중요한 의사결정을 위해서라면 서로가 선호하는 입장 때문에 다투는 것도 당연한 일입니다. 하지만 우리가 '교회'를 잘 건축해야 하고, 미래를 잘 준비해야 하는 기업 혹은 NGO단체와 같은 '조직'이라 여긴다면 결코 바람직하지 않습니다.

우리는 각자의 사연과 각자의 이름 및 얼굴을 가진 개개인이며, 그리스도를 중심으로 하나로 묶인 '가족'입니다. 가족은 잘하기 위해서 싸우지만 잘하는 것에 목적을 두지 않습니다. 가족은 서로 져주기도 합니다. 가족은 실패할 줄 알면서도 침묵하기도 합니다. 실패의 아픔은 함께 감당하면 될 테니까요. 의도적으로 가상인물 세 명의 서사를 통해 이야기를 전개한 이유도 바로 여기에 있습니다. 다툼의 층위는 다양합니다. 따라서 다툼을 해결하는 묘책을 제시하는 것은 저의 역량 바깥의 영역입니다. 다만 다툼 속에서도 우리가 상대의 이름과 얼굴, 서사를 이해할 수 있다면 어떨까요? 내가 주장하는 바와는 다른 주장을 하는 저 청년도, 저 집사님도, 저 권사님도, 각자 나름의 사연과 서사가 있고, 고민이 있다고 이해할 수 있으면 어떨까요? 아마도 우리는 다투면서도 서로를 배려할 수 있을 것입니다. 말도 조금은 조심할 테고, 과열될 때에는 잠시 다툼을 중단하는 지혜를 발휘할 수도 있을 것입니다. 우리가 '교회'라는 이름으로 묶인 가족이라면 말입니다.

본서는 '교회'를 위해 분노했고, 애써 개혁하려 시도했던 저의 지난날 치기 어린 시절에 대한 반성을 눌러 담은 결과물입니다. '교회'를 위한다고 애썼던 저의 열정은 결국 교회라는 이름의 '조직'을 향한 열정에 지나지 않았고, 따라서 진정한 '교회'인 형제제매들에게 상처를 안겼습니다. 더 사랑하지 못했고, 더 용납하지 못했고, 더 이해하지 못했고, 개혁과 변화라는 이름으로 매섭게 공격했던 지난 날은 모두 저의 '교회'를 오해했던 우매함에서 기인했습니다. 이제야 깨달은 바를 이렇게 기나긴 이야기를 통해 고백합니다. 교회는 각각의 사연을 가진, 각각의 의미있는 고민을 가진, 쉽게 이해할 수 없는 각양각색의 사람들이 모인 가족공동체입니다. 하나님께서는 그곳에 저를 묶어두시고는 부흥과 성장, 개혁과 쇄신을 요구하시지 않고 사랑과 환대, 이해와 용납을 요구하셨습니다. 따라서 저는 지금껏 교회를 증오했던 기나긴 시절을 되짚으며 이렇게 고백합니다.

"이제 저는 교회를 사랑합니다.
그러니 교회를 함께 세워가겠습니다."

"… 그러다가 어느 순간 어디선가 갑자기
한 줄기 빛나는 아름다움이 그들 위에 비칠 때면,
나는 그 동안 죄로 어두워진 내 눈이
보지 못했던 것들을 비로소 볼 수 있게 된다.
하나님의 말씀이 만드시고 성령님이 창조하신 삶들,
곧 희생적인 겸손, 믿을 수 없는 용기, 영웅적 미덕,
거룩한 찬양, 고난 중의 기쁨, 끊임없는 기도,
끝까지 견디는 인내의 삶들을 말이다.
나는 그들에게서 다름아닌 '그리스도'를 본다."*

---

* 유진 피터슨, 『다윗, 현실에 뿌리박은 영성』, IVP(2011), 174.

교회답지 않아 다투는 우리

초판 1쇄 발행 2023년 10월 30일
초판 2쇄 발행 2024년 1월 22일

지은이 홍동우
펴낸이 박지나
펴낸곳 지우
출판등록 2021년 6월 10일 제399-2021-000036호
이메일 jiwoopublisher@gmail.com
인스타그램 instagram.com/jiwoopub
페이스북 facebook.com/jiwoopublisher

ISBN 979-11-977440-9-9   03230

ⓒ 홍동우

지우
겸손하고 선한 그리스도인들을 위한
좋은 책을 만듭니다.